U0857202

曾经逝去的每一分、每一秒，汇聚成现在，并将我们引向未来。

——作者题记

卢　娜◎著

Growing up with LOVE

爱让我们长大

辽宁人民出版社

图书在版编目（CIP）数据

爱让我们长大/卢娜著.—沈阳：辽宁人民出版社，2008.5
ISBN 978-7-205-06402-0

Ⅰ.爱…　Ⅱ.卢…　Ⅲ.校园—文化—小学—沈阳市
Ⅳ.G620

中国版本图书馆CIP数据核字（2008）第072710号

出版发行：辽宁人民出版社
地址：沈阳市和平区十一纬路 25 号　　邮编：110003
电话：024-23284324（邮　购）　024-23284321（发行部）
传真：024-23284191（发行部）　024-23284304（办公室）
网址：http://www.lnpph.com.cn

印　　刷：辽宁星海彩色印刷中心
幅面尺寸：165mm × 236mm
印　　张：19
字　　数：178 千字
出版时间：2008 年 5 月第 1 版
印刷时间：2008 年 5 月第 1 次印刷
责任编辑：张东平　张　洪　娄　瓴
　　　　　高　丹　田　杨
装帧设计：丁末末
责任校对：刘再升　吴艳杰
书　　号：ISBN 978-7-205-06402-0

定　　价：40.00 元

爱的宣言

——沈阳市浑南新区第二小学

爱是永恒的旗帜
爱是永恒的信念
爱是永恒的追求
爱是永恒的誓言
做懂得爱的人
做会去爱的人
做奉献爱的人
做传播爱的人
每一行，每一言
从恒久到瞬间
每一年，每一天
从现在到永远

Contents 目 录

在学校教育中，没有什么比让孩子们获得一份感动更有力量，更没有什么比丰富他们的生活体验更为可贵。因为生命的意义，就是对生活本身的体验。你的生活，不是别的，不是你所拥有的一切，而是你所经历的一切，是你在经历过的一切中，留在内心深处的感受。因此，学校决不仅仅是学生获得知识的场所，而应该成为孩子们体验生活，丰富经历，享受生命的天堂！

每天都有爱，爱在365。“爱”的教育，名副其实的校本课程。在这门课程的实施过程中，没有教材，但处处都是教材，没有专任教师，但人人都是先生。学生、教师、家长，人人参与其中，人人成为课程资源的提供者、发掘者，人人都是课程的开发者、建设者，人人都是课程的受益者。

“爱”的教育，是一份刻骨铭心的感动。大爱无疆，它要告诉人们，教育的力量和可能性是无穷尽的！

一本好书是最好的朋友，今天如此，永远如此。读书，读出了感悟；读书，读出了爱与责任；读书，读出未泯童心；读书，读出自信和力量；读书，读出团队的精神和气势。

万卷书屋，一个学校的代表作，每一个人都是它的作者。开放、创意、责任、关怀、精益求精、决不轻言放弃，一座书屋的背后，深藏着的是一个学校的精神特质。

当年的那份师生情，很淡很纯很真很动人，没有一丝一毫的功利在里面。很多事情早已忘却，点点滴滴，永在心间的，只有真情和感动。一个人从小到大，要在学校里度过十几年，如果在这十几年中，学校教育不能在受教育者的生命中留下真情和感动，是最大的遗憾，不能给学生以深刻影响的学校教育应该算是一种败笔。

要想在教育这池水里，潜得再深一些、再久一些，发现其中奥妙，领会其中真谛，就必须让全身的每一个细胞都充满氧气，而且是有质量的纯氧。

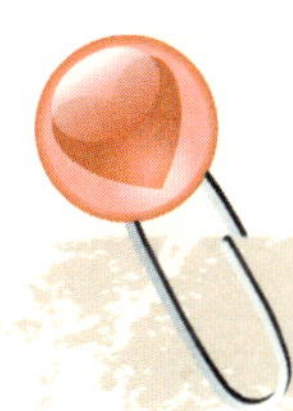

一、关于文化和学校文化

基础教育的最终目的不仅仅是要建设一所更好的学校,而是要为儿童建设一个更美好的世界。

——欧内斯特·L·博耶《关于美国教育改革的演讲》

若不是为了应付作业，这一部分是完全多余的。在华东师范大学的进修，要求每个学员要结合自己的工作实际，确立一个研究课题，撰写一篇论文。在一些我感兴趣的话题，诸如教育行政管理体制改革、学校质量管理、教育人力资源开发中进行反复选择，最后将目标锁定在对一所学校的学校文化进行案例研究。作为市教育行政部门的工作人员，作为基础教育的管理者，我关心学校的办学水平和教学质量，我更应该关心学生在学校里的生存质量，因为“基础教育的最终目的不仅仅是要建设一所更好的学校，而是要为儿童建设一个更美好的世界”。无论是办学水平、教学质量，还是学生快乐幸福指数的提高，都和学校文化息息相关。

我遵循着标准的研究程序开始了我的作业，第一步，在华东师大的网络教室里，像贪婪的渔夫，撒开大网，敲击关键字词，搜集下载了数十篇学术论文，回到家，又把所有的藏书网罗一遍，把和学校文化沾边的书籍统统从书架上“请”下来，在我的书桌上堆出一座小山，接下来，白天上班，晚上挑灯夜读。

按照基本的逻辑思维，要想研究学校文化，就要对学校文化给出一个定义，要给出学校文化的定义，又必须先搞清楚什么是文化。在那密密匝匝的字里行间，我搜寻着关于文化的定义。崔允漷教授的一篇文章告诉我，一个多世纪以来，古今中外的专家学者对文化的定义有几百种之多！（崔允漷，周文叶．学校文化建设：一种专业的视角．教育发展研究，2007（5A）：29）。这足以证明迄今为止，还没有哪一个定义能够为多数人所接受和认同。如果我的作业一定要从中选择一个，我愿意将《简明不列颠百科全书》中关于文化的定义摘录如下：

文化 Culture　人类知识、信仰和行为的整体。在这一定义下，文化包括语言、思想、信仰、风俗习惯、禁忌、法规、制度、工具、技术、艺术品、礼仪、仪式及其他有关成分。文化的发展依人类学习知识和将知识一代代传下去的能力而定。社会科学家和人类学家对人类文化提出许多种定义，代表各学派的思想。每一人类社会有它自己特定的文化或社会文化体系，并在某种程度上与其他体系相重叠。社会文化体系的差别与生存环境及资源有关；与诸如语言、礼仪和风俗习惯等活动领域所固有的可行性范围，以及与工具的制造和使用有关；并与社会发展程度有关。个人的态度、价值、理想与信仰，受其生活于其中的文化的影响很大；而个人当然也可能生活在或来往于几种不同的文化之中。在对各种文化进行比较时，种族中心主义的倾向是以自己的文化来解释或评价其他文化。另一方面，文化相对主义则采取一种比较的态度，这种态度来自对与己不同的文化的了解和欣赏。文化可以从其组成部分（文化特征、文化区域和文化类型）来观察，也可从制度结构及功能（社会组织、经济制度、教育、宗教与信仰，以及习俗与法律）来观察。

——《简明不列颠百科全书（11卷）》，中国大百科全书出版社，1991年1月第1版，第286页。

之所以选择这个定义，是因为我觉得它还算全面、通俗，它读起来流畅又谦和，而不是那么咄咄逼人。

和那些主谓宾定状补一个不缺，结构完整、逻辑严谨的标准式定义相比，我也非常喜欢下面这段关于文化的论述：

人类生活是共通的，同时也是独特的。全世界的人以相似的方式生活着——分享新生的喜悦、生活的乐趣和收获，共同享用前辈的智慧。与此同时，出生于任何国家任何时刻的每一个人又是独特的。个体在一生中通过使用符号（符号中介手段）创造了自己。我们所有的感受、思想、渴望和行为，在本质上都是文化的。它们充满了个人的意义，而这些意义又总是独特的。我们的智慧就在于，洞察多样化中的一致性，同时始终不忘，我们所有的思想都是独一无二的。

——J·瓦西纳，《文化和人类发展》，华东师范大学出版社，2007年10月第1版，第5页。

我的《组织行为学》教材上说得更有趣，“把人类和其自然界的近亲——猩猩区分开的、质的东西是文化”。人类和猩猩一样，以稳定的社会群体形式共同生活，猩猩在寻找猎物时的协作关系以及对外来者充满敌意的反应，表现出交流和往来的现象，但猩猩的行为依赖本能，而人类在群体中的行为依赖的则是文化，人类的行为深受我们生长在其中的文化的影响。或许这样的举例说明，更有助于对文化的理解。

接下来，要解决什么是学校文化的问题。

如果说这个问题是我的作业万万不能回避的，那么我真的是想绕开它了，尤其是在我翻阅了很多文章和书籍之后。在我所能找到的有关文章和专著中，有关学校文化的定义不胜枚举。摘录如下：

学者的观点：

顾明远总主编《教育大词典（6）》：学校文化指“学校内有关教学及其他一切活动的价值观念及行为形态”。（上海：上海教育出版社，1992. 426）

陶西平：学校文化的核心是学校共同的价值观念、价值判断和价值取向，它产生于学校自身，得到全体成员的认同和维护，并且随着学校的发展而日益强化。（积累学校持续发展的动力. 北京教育，普

教版，2004（10）：8）

赵中建：学校文化应该是学校校长、教师和学生所共同具有的和共享的信念，其形成又是与特定的学校历史传统相联系的。（赵中建主编．学校文化．上海：华东师范大学出版社，2005．31）

郑金州：学校文化是“学校全体成员或部分成员习得且共同具有的思想观念和行为方式等”。（郑金州．教育文化学．北京：人民教育出版社，2000．240）

华东师范大学崔允漷、周文叶：学校文化是学校的本质内核与精神特质。（学校文化建设：一种专业的视角．教育发展研究，2007（5A）：29）

华东师范大学范国睿教授在其《论校长的文化使命》一文中，引用的学校文化概念：“学校文化是一所学校个性的高度概括，它从全体师生的无数活动中提炼出代表性的要素，并像光环一样笼罩于学校之上，从精神上代表着学校。简单地说，它是师生通过教与学以及生活的所有活动，由内而外生成的物质环境和精神氛围，同时又不自觉地接受着这一环境和氛围的陶冶、引导和塑造。”

美国学者特伦斯·E·迪尔和肯特·D·彼德森在他们合著的《校长在塑造学校文化中的角色》中引用了社会学家威拉德·瓦勒早在1932年的论述：“学校都有其独特的文化。这里有复杂的人际关系礼仪，有整套的社会习俗，有独特的道德观念，有非理性的约束和制裁，有根据这一切制订的道德规范。这里还有博弈，有优雅的战争，有团队，有一整套经过精心设计的仪式和典礼。这里有多年的传统，因循守旧的人永远在对革新者宣战。”他们认为：“学校文化是教师、学生、家长和管理人员通过共同努力，在处理危机和取得成绩的过程中逐渐创立起来的传统和仪式的复杂模式。文化模式具有高度的持久性，对人们的行为产生重要的影响，并能塑造人们的思维、行为和感觉方式。”

校长的观点：

上海市北郊学校校长郑杰：虽然我还是不能确切地说出什么叫学校文化以及学校文化的结构之类的问题，但我知道了学校文化不是什么。文化活动、单纯的理念、识别系统、形象设计都不是学校文化。我满脑子是学校文化，而我理解的学校文化就是价值观。是价值观真正影响了一个人的行为方式和思维方式，如果学校文化有一个可以静态观察的所谓结构，那么这个结构中的核心就是价值观了。（赵中建主编．学校文化．上海：华东师范大学出版社，2005．130−131）

山东省临沂民办双月园学校校长高焕祥：学校文化是一所学校的灵魂之所在，是一切软件甚至包括硬件建设的最高统帅，是学校的哲学。（赵中建主编．学校文化．上海：华东师范大学出版社，2005．115）

上海市江宁学校校长吴庆琳：学校文化是一种社会文化的亚文化，是学校在长期发展过程中逐步形成的，为全体成员所认同、遵循并带有本校特色的学校精神、学校传统、校风、教风、学风、追求目标、行为方式的综合。它是一种特殊的群体文化，是一所学校物质财富和精神财富的总和，代表着一所学校发展的方向和生机。（赵中建主编．学校文化．上海：华东师范大学出版社，2005．106）

江苏省太仓沙溪高级中学校长杨炳坤：学校文化的含义更广，或许永远无法用语言确切地描述出来，更多的只是感受和体验。说到学校文化，人们很自然会想到学校的建筑、校园环境、校园文化的布置，同时，也会想到学校长期凝练、积淀下来的校训、校风、教风、学风、名师、名校友，等等。是不是可以这样说，学校文化是学校在长期的办学过程中所创造的物质财富与精神财富的总和，是一种复合的整体，是知识、信仰、艺术等的综合。（赵中建主编. 学校文化. 上海：华东师范大学出版社，2005. 103）

上海市长江第二中学校长王旭东：学校文化的含义则宽泛得多，它不仅包括了学生的文化活动，更是竭力主张以全体师生员工拥有共同的价值观为核心，通过其外显方式表达学校的品牌，通过其内显方式制约全体师生员工在学校和社会的所有选择、愿望和行为，构成学校内所有人的思维方式、行为方式和追求目标。（赵中建主编. 学校文化. 上海：华东师范大学出版社，2005. 98）

上海市第三女子中学校长徐永初：学校文化是学校所特有的文化现象，是以师生价值观为核心以及承载这些价值观的活动形式和物质形态，包括学校的教育目标、校园环境、校风学风以及校园文化生活、教育设施、学生社团组织、学校制度规范和学校传统习惯等。（赵中建主编. 学校文化. 上海：华东师范大学出版社，2005. 97）

上海市进才中学校长袁小明：什么是学校文化，这涉及“学校”与“文化”两个概念。“学校”尚容易理解，“文化”则有广义和狭义之区别。学校文化中的文化，指的是一种精神创造活动及其成果，属狭义的文化所指，它的形式可以是物化了的，如石头上刻着的名人名言，石头是物质的，但表现的是精神内容。如不拘泥于经典，则学校文化

可以理解为发生在学校中的精神文化现象。（学校文化及其建设．上海教育，半月刊，2004（09A）：46）

学者和校长共同的观点：

杨全印、孙稼麟：学校文化即“我们在这儿做事的方式”，具体体现于学校师生员工的生存状态和生活方式之中。学校价值观是学校师生员工生活方式的背后支撑，也是学校文化的核心。（杨全印，孙稼麟．学校文化研究．北京：教育科学出版社，2005．1）

“价值观”在中国的学者和校长那里得到了普遍的认同；在美国学者那里，学校文化的主体包括了家长，值得注意。比较喜欢杨全印和孙稼麟的表述方式，但是他们所说的“做事的方式”、“生存状态”、“生活方式”在语义上又似乎有些模糊和重叠。

那么我自己呢？我能不能给出一个学校文化的定义？当我拼命纠缠于此而不放之时，我恍然想起十年前，曾经为了获得学位而中规中矩、像模像样地苦写硕士论文的那一幕：选择课题，开题报告，查找资料，撰写提纲，布局谋篇，遣词造句，为增加理论色彩而引经据典，为界定一个新概念而绞尽脑汁，查阅十年的数据资料，制作出各种饼形图、柱状图、折线图，……无数次删改，几易其稿，最后终于博得满堂喝彩，被评为东北师范大学优秀硕士论文。

人生四十，无论做什么事情，已不再是为博得赞许、引来喝彩。率性而为，由心而动，不失为一种追求。所以我在给指导教师的邮件中写道，请允许我写一篇不像是论文的论文吧。

概念抛开了，但是要研究学校文化，是否还应该弄清楚学校文化包含的具体内容、层次结构、学校文化类型、建设学校文化的方法和途径、学校文化建设在学校发展中的作用等一系列问题，甚至是为学校文化寻找一个模型？

有学者认为，一个组织的健康发展，要经历“硬件”、“制度”、“文化建设”这样的三部曲，随着三部曲的发展，形成了物质文化、制度文化、精神文化。

我的疑惑：一个学校一定要先有完整的硬件、完备的制度之后，才能谈及文化吗？硬件是怎么来的？制度是怎么产生的？硬件中有没有文化？制度中有没有文化？文化又是否依赖硬件和制度去表达？学校文化的发展是一条笔直的线吗？

有学者认为，学校文化包括由浅入深、由表及里的不同层次：有表层的物质文化，如学校的校舍、设施、环境体现出的文化氛围；有浅层的行为文化，如学校成员行为体现出的文化色彩；有内层的制度文化，如学校各项制度体现出的文化特征；还有深层的精神文化，也就是由价值观念决定的办学思想和群体意识。（陶西平．积累学校持续发展的动力．北京教育，普教版，2004（10）：8）

我的疑惑：如果学校文化果真要清清楚楚地这样分层，那么一个学校在塑造自己的学校文化时，具体应该怎样操作？是由浅入深还是由深入浅？是由表及里还是由里及表？学校文化的发展是要像做汉堡包、三明治或者夹心饼干那样新鲜出炉吗？

有校长认为学校文化的结构可以分为四个层次，依次为：物质环境文化、制度文化、统领文化和人际关系文化，核心是统领文化和人际关系文化。

在显微镜下，我们的皮肤分为表皮和真皮，表皮又分为基底层、棘层、颗粒层、角质层，可谓层次分明，如果把它们中的任何一层单独剥离出来，恐怕都不能被称之为“皮肤”。

也有学者描绘出一个金字塔形的学校文化分析框架图，但是这样的图对学校文化的实际塑造的指导意义在哪里？一个生命的诞生，难道是先有骨骼吗？是否能以按图索骥的方式构建起自己的校园文化？

果真有哪些学校是严格按照这样的结构或那样的层次，一点一点地去塑造或建设自己的学校文化吗？

没有一个人能给出一个确切的关于学校文化的定义。以我的学识，对学校文化的概念以及相关的深层次问题的探究不可企及。有学者指出，对于学校文化问题的研究，可以不必从概念出发，更不必去追究文化的概念，对此，虽才疏学浅，但仍不愿苟同，我个人认为，对学校文化的研究，要从概念出发，要追溯文化的概念，因为只有这样，只有面对纷繁多样的文化概念，我们才能更加明白，文化，是这个世界上最具鲜明个性的东西，最具灵性的东西，我们才更应该清醒地意识到，文化的形成和塑造，或许不会像盖房子那样，遵循着什么结构和框架，也不像推导一个公式，按照什么逻辑的顺序。

从最为一般的意义上讲，文化是代代相传的人们的整体生活方式。（【美】戴维·波普诺．社会学（第10版）．北京：中国人民大学出版社，1999．63）

学校文化，是一所学校的存在方式。不仅仅是做事的方式，不仅仅是教师教书的方式，不仅仅是学生学习的方式，更多的是学校与社区相处、师生共同相处、与人相处、与己相处、与自然相处的方式。

我着实不能给出一个确切的关于学校文化的定义，但是，每当我走近一所学校，似乎又能那么真切地感受到它的存在！或许，在一所学校里，我们看到的、听到的、触摸到的、感受到的那些东西，就是所谓的文化吧。

我迫不及待地要把自己带到我心中的那所学校，一所充满文化意义的学校，一个正在建设中的美好的世界，看看她正在以什么样的信念，创造着什么，怎样创造……

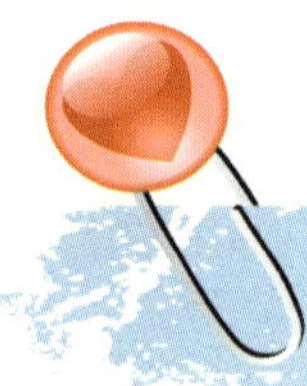

二、第一任校长

浑河，沈阳的母亲河，自东北向西南从沈阳蜿蜒流过。具有2300年建城史的沈阳老城紧紧地依偎在她的北岸，白昼车水马龙，入夜灯火阑珊。浑河之南，一座新城也正在迅速崛起。我要介绍给大家的浑南新区第二小学就坐落在这座新城里。沈阳12980平方公里的土地上，星罗棋布着千余所中小学，其中不乏百年历史的老校，与之相比，浑南二校建校仅一年多，可以说是一所没有历史的学校，实在是名不见经传。但是，浑南新区为浑南二校聘请的第一任校长在沈阳教育界却是赫赫有名。

从莲芳，浑南新区第二小学的第一任校长。

翻开从莲芳校长厚厚的履历表，一连串的荣誉记录着这位从教三十多年的老教育工作者艰辛而又光荣的历程。

她是沈阳市教育专家，辽宁省优秀专家，辽宁省劳动模范。从事教育工作36年，历任沈阳市第一六四中学教导主任、团委书记，沈阳市沈河区大西四校党支部书记、沈阳市沈河区文艺二校党支部书记、校长。

她是沈阳市第十二届、十三届人民代表大会代表，科教文卫委员，辽宁省第七次党代会代表，沈阳市东陵区人民政府科学技术顾问，沈阳市沈河区教师进修学校发展咨询顾问，沈阳市教育局教育费附加专项经费管理使用专家咨询委员会委员。

她曾任辽宁省创造力开发专业委员会理事，沈阳市小学英语教学研究会副理事长，现任沈阳市教育学会理事，中国人民大学中国青少年新闻学院沈阳分院副主任委员，中国教育学会中小学整体改革专业委员会学术委员。

她曾获得过全国中小学创造教育先进个人，省、市优秀教育工作者，辽宁省精神文明建设先进工作者，辽宁省中小学德育工作先进个人，辽宁省“巾帼建功”标兵，省、市“三八”红旗手，省、市优秀共产党员，市劳动模范，沈阳市优秀专家暨沈阳市杰出专业技术人才等众多荣誉称号。还获得过全国“星星火炬奖章”、辽宁省“五一”奖章，被评为中国教育学会教育管理分会学校文化管理示范校长。主持、参与的教科研项目多次获国家省市优秀成果奖，20多篇论文被评为国家、省、市优秀论文。

陶行知先生说，校长是一个学校的灵魂，要想评价一个学校，先要评价它的校长。一所学校精神的铸就、特色的形成、品质的提升，是校长办学理念和教育实践最好的诠释。

四年前，在沈阳市小学校长论坛网上，我曾在丛莲芳校长的文章后跟帖："丛莲芳校长是全市小学中唯一在职的沈阳市教育专家。她在长期的小学教育实践中积累了丰富的经验，并将育人为本的办学理念贯穿于教育实践的始终。更为可贵的是，她不满足于已经取得的成绩和荣誉，用一个老教育工作者炽热的真情带动了一个优秀的团队，为学校的可持续发展奠定了坚实的基础。"

面对前辈，我不敢说这是评价。当年，我只是借助网上论坛那样一个自由表达的空间，怀着深深的敬意，说出了自己在和丛莲芳校长接触的过程中，在我一次次走进她的学校时，她的一言一行，学校里的一草一木，学生和老师们的一张张笑脸，传递给我的一种最真实的感受，一份最深切的感动。

在谈到丛校长时，熟悉她的人们用得最多的词语是"敬业"、"投入"，很多人还要在前面加上"特别"两个字。有人说，有些时候，有些事情，她根本可以不去做，即便做，也没有必要那样去做，但是她，非但要做，而且要尽全力去做。老领导对她的评价是"会带队伍"。专业人士说她最可贵的是"始终在状态"。丛校长自己则坦言：追求卓越，不服输是我性格的写照。

最有说服力的，还是她的办学。

最有说服力的，不是她昨天的辉煌，而是她今天的执著。

2006年8月，丛莲芳出任浑南新区第二小学第一任校长，开始了她一生中的又一次创业。这是一次真正的创业，真正的白手起家，真正的从头开始！

2006 年 9 月 1 日，应丛校长的邀请，我参加了浑南二校的开学典礼。浑南二校距沈阳中心城区大约 10 公里，按照请柬上的指点，沿沈阳城区主要交通干道青年大街由北向南，穿越浑河后，拐入右侧的沈营路，不多时，便来到位于浑南新区夹河街 1 号的浑南二校。

学校围墙四周插满了各色彩旗，丛校长一身红色套裙站在校门口迎候来宾，老师们则都是白色上衣。校长从容自若，负责迎宾的老师们笑容可掬，孩子们的表情虽然略显羞涩，但也是彬彬有礼。

因为到得早，有足够的时间尽情参观。学校占地 18000 平方米，看起来方方正正，几乎和所有北方学校的教学楼一样，为了采光的需要，高四层的教学楼坐北朝南，摆出一个长长的“T”字形，西边校门的右侧是一个尚未完工的多功能报告厅，若干立柱和一个通透式的高大屋顶将报告厅和教学楼的西端连接在一起，看起来有一些现代和时尚的气息。

一进教学楼，最抢眼的是一只一人来高的硕大的金色地球仪，颇让人喜爱，红色的条幅告诉来访者，那是当地一个乡政府赠送的礼物。大厅里还有两个兄弟学校赠送的四只大瓷瓶。一架三角钢琴，则是来自施工单位的礼物。一楼、二楼安排了10个教学班和老师们的办公室，

每间教室里只有电灯、黑板和桌椅，三楼、四楼，空荡荡的，雪白的墙壁静静地矗立着。除了这些，10200平方米的教学楼里，几乎什么也没有了。

后来，在和丛校长的长谈中才得知，典礼那天最值钱的三件家当，都是她向捐赠者索要的。地球仪在开学后立即派上了用场，丛校长要让地球仪开口说话，于是学校为孩子们开设了第一门校本课程“地球仪之最”；那四个瓶子，似乎应了“四平八稳”的说法，学校向着既定的目标稳健地走出一步又一步；被“勒索”钢琴的施工方掏了腰包还对丛校长啧啧称道：“还是城里人，真会要东西！”

八点三十分，开学典礼正式开始。

全体家长，市人大、市政协、市教育局、浑南新区管委会的领导，学校开发单位、物业公司和周围社区代

表出席了典礼。

领导讲话自然少不了，之后是市教育局的一位副局长向第一任校长授校旗。在和丛校长第一次长谈时，她动情地告诉我，当时的情景让她永远不能忘怀。她说，当她从局长的手中接过那面叠得整整齐齐、方方正正的校旗的那一瞬间，突然非常强烈地意识到自己的责任。“这份责任太重了”！“局长紧紧地握着我的手，我也紧紧地握着他的手，握了很长时间不想撒开。”这之后，我也曾特意问过那位局长当时的情景，局长告诉我，丛校长的眼里含着泪水，他也非常感动。

浑南二校 18000 平方米的热土上，第一次奏响了庄严的中华人民共和国国歌，第一次升起了鲜艳的五星红旗。

在国旗下，全体学生庄严宣誓：

我是一名光荣的浑南二校学生，我有决心做到：胸怀大志，发奋读书；有信心做到，学有所成，长大成才；我一定会做到，爱我们的学

校浑南二校，爱我们的家乡浑南新区，我们一定会人人快乐，人人成功，成为一个大写的人。

在国旗下，全体教师庄严宣誓：

我是一名光荣的浑南二校人民教师。我有决心做到：为人师表，师德为首；我有信心做到，教书育人，培育英才；我们一定会爱我们的学生，爱我们的学校。

在国旗下，丛莲芳校长庄严宣誓：

忠诚于我毕生热爱的教育事业，忠诚于我即将为之奋斗的浑南二校，忠诚于全体师生。把浑南二校建设成我们师生共同的精神家园。

整个典礼，流畅、简朴、隆重、神圣，无可挑剔。

记不清是听到哪一处，反正典礼上我流泪了。让人动情的是那种神圣感，而神圣，正是学校教育应有的感觉。在后来的日子里，丛校长一次又一次地把各种仪式和典礼作为塑造学校文化的载体，其间，对这种神圣感的追求，被丛校长和全体师生发挥到近乎完美和极致，让人赞叹，令人折服。

典礼结束后，我是较晚离开的一个。脚步落在方砖甬路上，能感觉到明显的松动，那整整齐齐的一块块彩色砖一定是铺了不长时间，说不定就是前一天的夜里，根本没有用水泥勾缝，显然是为了迎接开学赶工期突击的结果。一眼望去，有些地方已经明显地凹了下去。一年半之后，在和丛校长的交谈中证实了这一点。事实上，典礼结束后，砖就都被揭下来重新铺设，孩子们就在教学楼后面的一小块空地上临时将就着做操、上体育课。

人群散去，留给丛校长的不只是这些松动了的方砖，更有无边的寂静。从前是每逢招生旺季不得不东躲西藏，各方人士趋之若鹜，人满为患，如今是打着广告到处宣传，家长等待观望，教室闲置；从前是门庭若市，如今是鞍马稀落。

年初，在和丛校长第一次的长谈中，丛校长回忆起建校最初的那段时光，感慨万千。在她记忆的深处，最难以磨灭的就是那份寂静。

2006 年 8 月 24 日，沈阳市沈河区文艺二校，丛校长把自己的办公室打扫得干干净净，把办公桌、书柜上的每一把钥匙整齐地插在钥匙孔里，但是，当继任校长站在她面前，当她要把门钥匙交到继任校长手中的时候，再也控制不住自己内心那如潮水般翻滚的波澜。她说："交这把钥匙的时候太难了！"一个她生活、工作、奋斗了 23 年的地方，那里有着太多的记忆，太多的无法割舍、更不愿割舍的记忆。

钥匙交出去了，丛校长头也未回径直地离开了文艺二校，来到浑南新区第二小学。新学校、新环境，和过去相比，形成巨大的反差。生源、师资、设备、人气都不能同日而语。最初的日子，很不适应，突然没有了各种会议，没有了各种通知，没有了各种检查，甚至没有了电话！一整天、一整天没有一个电话打进来，遇到棘手的问题也不知道打给谁，翻开电话本，原来的电话全都没用了！317个孩子，10个教学班，全都安排在一楼和二楼，整个三楼安静得让人无法形容，无法忍受。她的心被这种寂静包围着、纠缠着、撕扯着、吞噬着，坐立不安，无所适从，透不过气来，有时竟需要定下神来，才知道自己身在何处。一天上午，丛校长突然向副校长发问："今天上课没有？"副校长一怔，未等回过神儿来，丛校长又补了一句："你在这儿吧，我回家了！"这是一个在心理上真正认同、接受的下午。那天，丛校长独自一人在家里思索了半天，用她的话说，"心情复杂，想了很多，收获很大。"正是从这个下午开始，从教三十六年的老校长开始了新的创业。

作为一名老校长，丛校长深知在学校的发展中，校长的思路将决定着学校的发展方向和出路，从而影响学校的生存状态和命运，更深知，用昨天使自己成功的思维方式，是不能实现一个新目标的。

过去的一切历历在目，让人难以割舍，又必须清空头脑中原来习惯的思维方式，一切从实际出发，一切从零开始，一切从头做起。

丛校长常对老师们说，我们的学校就像一张白纸，我们要在上面画最新最美的图画。

作为学校的创始人，第一任校长，开始在她的心中为浑南二校描绘一幅美好的画卷。

她画得很慎重，很精心。她先拿铅笔轻轻地打出框架，手里还握着一只橡皮，随时征求专家、朋友、教师、学生、家长的意见，擦去那些不理想之处，然后再和大家一起共同给这幅画着色。

在对校情、学情、师情、家情进行客观分析的基础上，她拿出了一张草图。学校生源主要来自世纪新城，多数为回迁居民，也就是那些失地的农民。建校之初，学校有教师 42 人，其中，本科 32 人，占教师总人数 76%；应届、往届大学毕业生 31 人，占 74%；党员 9 人，占 21%；英语四级 12 人，占 29%；骨干教师 6 人，占 14%；学科带头人 1 人，占 2%；区优秀教师 6 人，占 14%；除丛校长外，教师平均年龄 25 岁，已婚教师 7 人，占 17%。317 名学生中，独生子女率为 65%；家庭配有电脑率为 17%；课外补习率为 43%。在 300 多名学生中，除了 102 名一年级的新生，其余 200 多名学生都是从其他学校转学过来的，或是慕名而来，或是离家近，接送方便。学生父亲有固定职业率为 29%，母亲为 21%，本市户口率为 69%，在住房方面，租房率为 28%，60 平方米以下的占 24%，60－100 平方米的占 43%，100 平方米以上的占 5%；经济方面，月收入 500 元以下的占 4%，500－1000 元的占 26%，1000－2000 元的占 48%，2000 元以上的占 15%。与浑北城区学校学生相比，获取信息的渠道少，课外知识补充少，家庭启蒙教育程度较低，家长在教育和培养孩子方面对学校的依赖性更强，对于学校的期望值在某种程度上比老城区的家长还要高。对于这些学生来说，学校教育就显得尤为重要，必须尽最大努力为每一名学生提供优质教育。

在丛校长的眼里，这是一所承载着当地居民热切期待的学校，承载着学生们长大成才愿望的学校，更是承载着年轻教师事业发展激情的学校。经过细致的思考，建校初期，丛校长将学校的办学理念初步定为：回馈社区的期待，办出更好的学校；培养学生的兴趣，厉行高效的教育；关爱教师的发展，铸造和谐的团队。提出要树立“上下同心，只争朝夕，同伴互助，勤勉自强”的学校精神，实实在在创业。下定决心和全体教师一起做好五件事：多干打基础的事；多干长远起作用的事；多干对学生有用的事；多干地区居民满意的事；多干为新区增光添彩的事。在工作策略上，对上认真贯彻执行政策，并且积极争取政策，为我所用；对内夯实基础，强校强师；对外广交朋友，同心办校。

随后，她满怀期待地设计了学校三年的发展目标，实施五大工程。一是学校文化建设的亮点工程，主要有校园书城、科技长廊和信息化建设。二是团队建设的凝聚与提升工程，针对新任教师偏多，热情有余经验不足的特点，开展“爱在二校，我与二校共成长”主题教育活动，使年轻教师有强烈的归属感和自豪感，为青年教师制订三年成长计划，“一年合格，站稳讲台；二年升格，闪亮登场；三年破格，地域名师。”三是质量立校的“三一”工程，即托出三分之一的优等生，让他们成为特长加优秀的学子；扶持三分之一的中等生，让他们成为基础扎实有浓厚学习兴趣的学生；帮助三分之一的学困生，让他们掌握基础知识。丛校长认为学校存在的最重要的理由，就是要为学生提供高质量的教育服务，校长只有拥有这种质量意识才会在治校的过程中，认清短期功利与长远利益的区别，从而采取更加负责的、有预见的、加强质量评估和保障的管理模式，不让一个学生掉队，成为丛校长执著追求的目标。四是特色建设的双星工程。在学生中开展摘取基础星和特长星活动。设立基础星的目的是为了使学生在学习以及行为养成等方面都打下坚实的基础，让学生人人基础过得硬，都能采摘基础星。特长星设立的目的是张扬学生的个性，挖掘学生的潜能，精心呵护每个孩子兴趣的萌芽，从兴趣入手，使孩子们的爱好成为特长，叫响二校的学生人人有特长，与此同时，“特色群”建设将成为学校最大的特色。五是学校建设的开放工程。现代化教育应该是开放式教育。丛

丹梅

校长要求浑南二校的办学要在理念上打开学校与社区之间的围墙，让学校独享的教育资源成为学校与社区共享的资源，让社区的丰厚资源融入校园，实现学校与地区资源的整合，推动社区整体文明素质的提升。学校要加强与社区的联系，融洽学校与家长的关系，为学校发展奠定坚实的基础，营造良好和谐的人文氛围。

这的确是一张草图。但是，从这张草图上，我们也不难看出一个教育专家的远见卓识。

更为可贵的是，丛校长没有急于让这些精神、理念和目标“上墙”以装点门面。口号装点得再精美、再突出，如果不能得到全体师生的认同，也就不能起到应有的作用。只有深入了人心，才能在行动上得到真正的落实。在后来的日子里，这张草图不断地得到修正。经过多次论证，学校办学理念最后修改为：“关注每个孩子的成长，引领每个孩子的发展，分享每个孩子的成功。”办学目标锁定在：“努力把学校打造成崇尚创意的校园，学生成长的乐园，教师发展的家园，社区共享的学园。”在浑南二校，学校办学理念和办学目标的确定，是全体教师达成共识的结果，从而成为引领学校发展的核心价值观。价值观的及时确立，为学校文化发展奠定了坚实的基础。

“一个组织的文化常常反映组织创始人的远见使命，因为创始人有着独创性的思想，所以他们对如何实施这些想法存在着倾向性，他们不为已有的习惯或意识所束缚。创始人通过描绘组织应该是什么样子的方式来建立组织早期的文化。由于新组织的规模较小，从而使得创始人能够使他的远见深刻地影响组织的全体成员。所以，一个组织的文化是以下两方面相互作用的结果：1. 创始人的倾向性和假设；2. 第一批成员从自己的经验中领悟到的东西。”（【美】斯蒂芬·P·罗宾

斯．管理学．第 4 版．北京：中国人民大学出版社，2000.2）

或许，对于一名教育专家来说，提出一种学校发展的假设并不难，一所新学校，就好比一粒种子，我们有理由期待它开出最美的花朵，也有理由期待它长成参天的大树。

但是，这粒种子能不能生根、发芽，能不能开出最美的花朵，能不能长成参天大树，绝对是对一名教育专家真功力的检验！

一年半过去了，在二校，这粒种子种在每个人的心里，和学校有关的每一个群体，学生、老师、家长，共同感受到成长的快乐，领悟着教育的真谛。

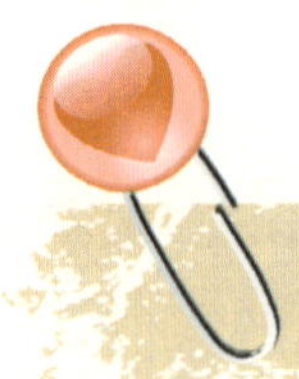

三、管理，要从第一时间做起

习惯，一个中性而平淡的词汇，在从校长的眼里，却是至关重要。习惯一旦形成就不易改变。改变一种习惯远比养成一种习惯更加困难。对于一个孩子来说，在学校里养成的好习惯，会使他终身受益。因此，在学生管理方面，从莲芳校长奉行从第一时间做起的原则。这个第一时间，就是学生和家长与学校第一次接触的时候，是家长带着孩子来报名的时候，是入校前填写学情调查的时候，是孩子们第一次走进校园的那一刻。

2006 年 8 月 27 日，上任第四天的从校长部署新学期工作。第一条是后勤工作，要求“保开学，保教室”。第二条就谈到学生管理，要求“建立制度”。而在那一天，学校里除了一些学生用的木质课桌椅，连一张办公桌都还没有来得及买。

2006 年 8 月 29 日上午，一、三、五、六年级学生到校，下午，二、四年级学生到校。对于浑南二校来说，6 个年级所有的学生都是新生。

每一个新生都不是随随便便地走进学校的。一年级的新生由家长陪同，以班级为单位，站排等候在教学楼前，班主任手持班标，逐一点名后，带领学生和家长进入教学楼，来到所在班级。其他年级的学生和家长则等候在校门对面的人行道上，班主任清点人数后，手持班标带领学生列队两排，走进校园。从那一天起，学校就规定，家长接送孩子，一律要在学校对面的人行道上等候，学生穿越马路，由老师护送。良好的秩序是一切事物的基础。这是一所有规矩的学校，这个规矩得到家长的认同。家长们自觉地接受了这样的规定，非常配合，绝不越雷池半步。因此，在很多学校出现的上学、放学家长拥堵校门的现象，在浑南二校是看不到的。如果有人认为这种距离感会造成学校和家长之间的隔阂，那就大错特错了。与其说家长也成为被管理的对象，不如说是家长和学校一起，共同对孩子实施着规则意识的教育。事实上，学校从没有疏离家长，开学以后，浑南二校的家长们一次又一次地被请进学校，和校长一起座谈，和老师一起座谈，参加各种庆典和仪式，

和孩子们一起布置板报，一起劳动，甚至一起读书。

全体学生接受的第一项训练就是准备开学典礼仪式上的学生宣誓，被要求遵守的第一条规定就是见到客人要问候，要给客人让路。典礼那天，集体宣誓的时候，孩子们的声音整齐、清晰而洪亮，给我留下了十分深刻的印象。典礼当天的下午三点，丛校长召集领导班子和中层干部会议，对典礼工作进行总结，对学生们的表现给予充分肯定，并再次提出，要加强常规管理，尤其是学生的管理。建校初期，丛校长多次强调规范管理问题，并把管理规范作为第一步要达到的工作目标。

针对学生管理，学校推出多项规定。除了课堂纪律，个人卫生方面，对头发、指甲、衣着也有明确的要求；每天做三操，间操、眼保健操和椎体操；每天都要读书，每天写日记；开学后的第一个“十一”长

假，学生们就被要求读一本课外书。丛校长还提出全校要有四声：欢乐的笑声，嘹亮的歌声，轻盈的脚步声，琅琅的读书声。

浑南二校文明校园“一日十条”教育

清晨入校敬好礼
课堂表现坐如钟
课间集合站如松
间操动作健与美
教室桌椅排成行
物品摆放指定处
午餐前后要洗手
自习时间不讲话
见到客人要问好
放学站排背班规

教育是行为的改变。孩子们身上一点一滴细微的变化，都让这位“奶奶级”的老校长看在眼里，喜在心上。最让丛校长津津乐道的是“一分钟跨立”养成教育训练。丛校长喜欢细心地观察自己的学生，她发现很多孩子耸肩弓背含胸，这不仅损害孩子的形体美，时间久了，还会影响发育，造成胸廓狭窄，脊椎弯曲，必须及时干预纠正。靠命令式的说教肯定不行。丛校长找来体育组的老师，一起研究办法。于是，建校不到一个月，一分钟跨立训练诞生了。一分钟跨立，成为每一个学生的必修课，每天上午课间操的时候，全校学生以班级为单位，按体操队形散开，两腿分开，与肩同宽，双手叉腰，必须做到头正，腰直，肩平，挺胸收腹，两腿绷直。届时，操场上一片肃静，没有任何声音，学生思想集中，静默一分钟。

千万不要小看这一分钟，每天的一分钟，日积月累，孩子们身上发生了明显的变化。现在，每周一早晨的升旗仪式上，全校学生肃立操场，每一个孩子抬头、挺胸，目视前方，一眼望去，像一棵棵挺拔的小树。让校长和老师们欣慰的，不仅是孩子们形体上的改变，还有自信心的确立。今天，当人们走进浑南二校，孩子们早已不是原来的模样，他们落落大方，自尊又自信。在市人大代表来校视察时，在植树节、少先队建队日活动、爱的教育系列活动启动仪式、奥运倒计时活动、毕业典礼等一系列大型团体活动中，在深入社区义务宣传推广普通话、预防艾滋病、知荣明耻文明出行活动中，孩子们都向来宾、家长、社区居民展示了自己的风采。让每一个孩子都获得一份自信，让他带着这份自信去生活，走向自己的人生，或许是教育最应该做的。

选择时间，就是节省时间。从第一时间开始的管理，收到了显著的效果。家长的赞许由衷而又朴实。在学校的教育教学开放日活动中，家长边看表演边感叹："我的孩子真是站有站相，坐有坐相。"家长们反映，孩子的身上有了明显的变化，回家愿意说话了，愿意与成人交流了，不再怯懦，而且说起来喋喋不休。

纪律不等于刻板，散漫也不等于和谐。在浑南二校，严肃的纪律、严格的要求并没有把学生管成"乖乖女""乖乖男"。管理，不是要把学生管"死"，管得毫无生机，而是要管出帅气，管出朝气，管出灵气，管出童心，管出童趣，管出自信，管出快乐，管出特长！

和丛校长第一次长谈的那天中午，在学校食堂吃的午饭，饭后，刚出食堂的门，两个小不点儿手拉着手从我眼前一阵风似的跑过，一个男孩儿、一个女孩儿，我叫住他们，问："你们是幼儿园的小朋友还是小学生？"

"我们是小学生！"

"我们一年级！"

"那你们怎么这么矮呀？"其实我只是顺口这么一说，根本没有提问的意思。

"我挑食，我不爱吃饭！"小女孩儿咧着小嘴笑呵呵地说。

"我不挑食，我一顿吃一大碗呢！"小男孩不甘示弱也开了口。

一个挑食，长得矮，一个不挑食，长得也矮，那么影响一个小朋友身高的因素到底会是什么呢？我多么希望我是他们的老师，能够把这段对话继续下去。如果我是他们的老师，完全可以把这个话题作为一个研究性学习的题目啊！几句简单的对话，竟然也可以激发出教学灵感。老师要启发学生，而学生也可以启发老师。经常受到启发的学生才能更有灵气，有灵气的学生才会进一步激发教师的灵感。或许，这也可以算作教学相长吧。

告别两个“小可爱”，我和丛校长一起在教学楼里随便走走，走到三楼东侧拐角处的落地窗前，我们停下来，靠在齐腰高的金属安全护栏上，冬日的阳光暖暖地照在身上，向窗外望去，正好可以看得见整个操场，一边继续我们的谈话，一边看着阳光下的孩子们，操场上，孩子们开心地玩耍、嬉戏。孩子们都穿着校服，校服以深蓝色调为主，上衣的底边和袖口配以红色和白色相间的条纹，与组成校旗的颜色完全一致。丛校长告诉我，孩子们身上的这套校服是 2006 年 11 月买的，是第一套校服，孩子们非常喜欢这套校服，不愿意脱，不仅上学穿，回家在小区里都穿着。孩子们特别爱学校，爱校服，结果穿得校长直心疼，希望孩子们不要天天穿，留着集体活动时再穿，可是孩子们就是不脱。丛校长有个习惯，就是每天午饭后都要把整个学校巡视一遍，看看孩子们都在干什么。二校的孩子普遍老实、听话，爱劳动，不打架，不太会玩儿，也不会做游戏，下了课就是在操场上跑，你追我我追你地跑，这一点让她很心急，她希望孩子们能学会游戏、学会运动，能更开朗、更活泼，得有那种生龙活虎“嗷嗷叫”的精神和劲头儿。所谓的操场，就是教学楼前铺着方砖的一大片空地，学校操场还在规划之中，大概要到今年开春才能施工，虽然方砖地和沙土地之间没有围栏隔挡，但没有一个孩子在沙土地上乱跑。上课的铃声响了，孩子们迅速地站成排，低年级学生由老师带领，高年级学生自己组织走进教学楼。

在动手写这本书之前，对于浑南二校的学生，有过不多的几次接触，第一次是 2006 年 9 月 1 日的开学典礼，孩子们上身都穿着白上衣，但样式并不统一，有制服式的，有 T 恤衫，有带领子的，有没领子的，有纯白的，有带图案的，有长袖的，有短袖的，下身就更是五花八门了，裙子、长裤、短裤，颜色各异，凉鞋、球鞋，光脚、着袜都有，总之，一看就不像“正规军”。小脸蛋被太阳晒得黝黑黝黑的，眼神里流露出一丝丝羞涩和胆怯。后来在资料室里翻出当时的一些照片，竟然发现在学生宣誓的时候，一年级的队伍里，虽然从表情上可以看出，大多数孩子都很卖力气，但是居然有个别的“小东西”双手搭在前面同学的座椅背上，一只脚向后蹬着自己的椅子腿儿，悠闲自得像个没事儿人一样！看上去又可爱又可笑。

第二次，是 2007 年 7 月下旬，已经是整整一个学年结束的时候了；第三次，是 2007 年 10 月，陪同市领导视察；第四次是 2007 年 11 月，全市的外语特色学校的授牌仪式在二校举行。在这几次活动中，孩子们见到客人时用英语主动问好：“Welcome to our school!”（欢迎光临我们学校!）学校举行大型活动或是迎接检查，学生主动问候来宾和客人，不足为奇，临时操练也能应对。从今年年初开始，因为要写这本书，隔三差五就跑上一趟，去的次数多了，发现不管什么时候，不管是在操场还是走廊，不管是高年级还是低年级，只要孩子们看到我，都会跟我打招呼，问好，还是那句“Welcome to our school!”声音很洪亮，而且特别清晰，绝不是那种含

◎新加坡儒廊小学师生访问浑南二校

新加坡儒廊小学师生访问浑南二校

糊不清地在嘴里随便咕噜一下，还没等出来声音就又咽了回去的那种，在向客人问好的时候，孩子们的眼睛会注视着你，而不是瞥你一眼就迅速移开，更不是连看都不看。如此真诚、大方、自然的问候是我感觉到的二校的孩子们和其他学校最大的不同之处。

二校的孩子敢说话、爱说话，说起话来有灵气。

丛校长介绍说，2007 年 6 月 6 日，新加坡儒廊小学到学校进行友好访问。学生们用英语热情、大方地接待客人，他们陪同新加坡客人参观学校，为客人表演节目，临别时还互相留下了通讯地址。

期末考试结束后的一天下午，我又来到浑南二校。一下车就远远地看见有几个小姑娘在教学楼的窗前围成一圈比比画画的，我直奔她们走过去，待到近前，她们也停了下来，我问她们在干什么，她们告诉我她们在跳舞，我问谁让你们跳舞的啊？她们说没有谁让，期末考试结束后没有课了，她们自己在编舞蹈，自己玩呢。孩子们的笑脸像一朵朵绽放的鲜花，给冬日的萧瑟增添了一抹亮色。上到三楼，校长室的门敞开着，不见丛校长的身影，会议室、资料室、教工之家也都空无一人，返身来到走廊另一头的教学区，发现丛校长和老师们正在一间教室里开会，丛校长站在教室前面讲着什么，老师们整整齐齐地坐了一屋子，一边听一边记着笔记。不便打扰，只好一个人在走廊里踱步，一间间教室看过去，透过四年一班的玻璃窗，看见里面有四个女生站在讲台上正在黑板上涂抹着，信手推开门，走了进去。

“你们在干什么呀?”这个问题问得似乎有些愚蠢，明明看见孩子们在画画，整个黑板已经被五颜六色吞噬了，还偏要这样发问，可是，我真的好像不知道该怎样和孩子们交流。

好在孩子们并没有介意，礼貌地告诉我，“我们在布置黑板。”

“布置黑板?要搞什么活动吗?”

“不是!我们玩儿呢!老师说了，我们可以在黑板上画画儿!”然后便争着告诉我哪些是自己画的。

在浑南二校，黑板不仅仅属于老师，更属于每个孩子。二校的孩子也可以像黑柳彻子巴学园笔下的小豆豆一样在黑板上尽情地写啊画啊。

“你们喜欢你们的学校吗?”

“喜欢!”四个孩子齐声回答。

“喜欢什么?”

“万卷书屋!”万卷书屋是学校的图书馆，关于孩子们对万卷书屋的喜爱，丛校长曾向我提起，没想到无意中从孩子们的嘴里得到印证。

“喜欢得没法儿说!一个字，好!两个字，很好!三个字，非常好!四个字，极其地好!”一个孩子迫不及待而又顽皮地说。

“图书馆花了四十多万!”

“还有智能英语学习机，十万呢!”

“你们怎么知道?”

“老师告诉我们的!”

一个普通的教师能清楚地知道学校图书馆和教学设备的开支，而且还能告诉学生，而学生对此也津津乐道，这倒是有些新鲜，但还没来得及细想，孩子们就向我发问了。

“你是干什么的?”

“你们说呢?”

“考察?”

“记录员!”她们注意到我一边提问一边在本子上记着。

“记录员不应该提问题吧?”我不想这么快就向她们坦白，继续发问：“你们的校训是什么?”

“爱!”

“校歌呢?”

“《大爱无疆》”

“你们会唱吗?”

“会!”

“你们都在什么时间唱校歌儿啊?”

“升旗仪式，还有去报告厅的时候!”去报告厅就是指学校举行大型会议或活动。

“每次升旗仪式都唱吗?”

“每次都唱!”

“你们爱唱吗?”

“爱唱!”

“我每天回家都弹一遍!”这个回答让我感到有些惊讶。

“校歌有什么好唱的呀?”我故意持一种否定的态度。

“好听!”

孩子们脸上的神情告诉我他们是不会说谎的,也就没有必要再刨根儿问底儿。

“你们觉得你们的学校好吗?”

“好啊!”

“什么好啊?”

“教学好!”

“教学怎么好?”

“成绩提高得快!”“我们班某某同学刚来的时候才考 60 多分,现在都 80 多分了!”

“她,她考双百!”一个小姑娘指着她的小伙伴说。

“老师特别负责!”“双百”小姑娘接着说,脸上的表情很郑重。

“你知道什么叫负责呀!”看着眼前这个小大人儿我实在忍不住笑了出来,于是故意逗那个小“双百”,“那,你们班里有不及格的吗?”

“有啊!”

“有几个?”

“一个。”

“不及格老师批评吗?”这是我和孩子们的对话中最具目的性的一个问题。说心里话,面对校长的评价,面对同行的竞争,面对内心的压力,教师如何对待“拖后腿儿”的学困生,是不是像有些学校的有些教师那样把压力转嫁到家长和学生身上,这是我最想知道的,也是我平时比较关注的一个问题。

“不批评。”

真的吗？我心里暗想。

“不批评？不批评怎么进步啊？”我故意表示出怀疑。

“老师星期天给辅导，一整天……”说到一整天，小姑娘显然觉得表述不够准确，她认为一整天是 24 小时，于是迅速改过来，“不是，不是，是一直到晚上很晚都不走。”“我们老师可累了，累得脊椎都弯了！”我想应该是颈椎的毛病，孩子太小，不明白，也说不清楚。在浑南二校，课余时间为学生无偿补课，不是什么新鲜事儿，在家长和学生写的爱心故事里都不难找到。

“你是干什么的呀？”孩子们还没有忘了这个茬儿。

“我想来你们学校应聘当老师，行吗？”我说谎，想看她们的反应。

“行啊！来吧！”孩子们回答得倒是蛮爽快。

“你们知道我是好人还是坏人吗，就答应我给你们当老师？”

“你肯定不是坏人！”这个回答分寸感极强，我没有被立即确认为好人，因为没有证据，她们根据自己的经验只能作出我不是坏人的判断。

“你们怎么知道我不是坏人？”

“你要是坏人根本进不来！门口有保安呢！”“我们早晨上学（家长）只能送到（学校）大门对面！家长都不能过来！”

“那你们自己过马路多不安全啊？”

“不是自己过马路，老师来接，领我们过马路！”“晚上放学时再把我们送过去！”不用等你问，就把晚上的事情也说了。

“可是我什么都不会，我怎么当你们的老师啊？”我继续问。

“那怕啥呀！你慢慢学呗！”那个小“双百”说。口气和神态，真像个小先生。

“你跟她学！她学习可好了，她什么都会！”另一个孩子指着小“双百”为我指点迷津。

我再也忍不住笑。这一笑，便露了馅儿。

“你到底是干什么的呀？”孩子们似乎有些着急了。

“你们猜吧。给你们10次机会。”

“医生！”

“不对！”

“律师、警察、护士、市长……”

认真地猜了几个之后，见都被我一一否定，孩子们停止了猜测，问我：“那我们要是猜不着，你能告诉我们吗？”

“能！”

这下可好，小姑娘们一口气地胡乱说了几个职业，然后就笑嘻嘻地等着我的答案。

我知道我必须向孩子们交代了：“我是教育局的，我来过你们学校几次，每次来，都发现你们的学校有变化，我觉得你们的学校很好，但是又不知道究竟好在哪儿，所以我就想多来几趟，深入地了解你们的学校，看看到底是怎么个好法儿。”

“那你算来对了！告诉你吧，你来了都不想走！你看这花儿，每个教室都有！”一个孩子顺手指着窗台上的一盆塑料花儿说。那是一盆非常普通的塑料花儿，如果说有什么特别之处，就是那花盆儿不是圆柱形的，而是用白色的小栅栏围成的一个小长方体。没有想到如此普通而廉价的塑料花竟然成为一个孩子用来证明自己学校好的第一个证据，而且，她那兴冲冲的语气和劲头儿都足以说明她是从心底里喜欢和在意。说实在的，我一直觉得没有真花儿摆假花儿的做法有点儿土里土气的。这是我的看法，我的思维方式。不能用成人的好恶代替儿童的感受！孩子们让我懂得了这一点。在一所学校，孩子们喜欢就是好的，孩子们快乐就是对的。

“计算机房也快装修完了！告诉你，我们的计算机，可薄了，就这么厚。”一边说一边用小手比画着。二校的校园网，没有采用普遍的单机联网模式，而是引用了“网络集中存储，无盘化管理”的概念，在计算机教室，看不到那种硕大的主机箱，取而代之的是没有配置硬盘的卧式超小型计算机，上面放着玻璃面板的液晶显示器，机房里很安静，听不到机器的噪音，更没有通常计算机教室里的那种怪味儿。

“还有，学校还要为我们每个人配一个小柜子装东西呢！”孩子们争抢着说。

“我看见有的班级已经有了呀！”

“那是他们先试用，他们用好了，学校再给我们配！”

除了塑料花儿以外，计算机房、小储物柜儿这些事情都是从校长在介绍学校情况时的话题，没想到学生们也了解得如此清楚，而且很关注。

和四个小天使的对话，给我留下了非常深刻的印象。孩子们在根本不知情的状态下，说的每一句话都是那么的真实可信。他们对学校的喜爱和关注，对老师辛苦的体会和理解，以及他们自身表现出来的聪明、机灵、热情、开朗、好客，都从一个侧面真实地反映了师生在学校的生存状态，而师生的生存状态最能折射出学校文化的印记。

十来岁的孩子或许不懂得也不能完全理解什么是学校文化，但是他们一定能够感受得到。对于学生来说，他们所感受到的浑南二校的文化就是快乐，就是理直气壮地做孩子。

在浑南二校，每一个学生都可以理直气壮地做孩子。二年一班班主任郝欣老师发现自己班里的学生特别喜欢《淘气包马小跳》，索性也找来读：

《淘气包马小跳》？现在的孩子这么调皮，不会是因为看了这本书的关系吧？这是我第一次看到这本书时脑海里蹦出来的想法。本想武断地把它列为“禁书”，可是当我看到多数孩子都如此热衷于此书，而且看得那么津津有味，也引起了我的兴趣。于是我把这套书借回来，希望能找到学生们喜爱这套书的原因，顺便从中找一找制伏那些淘气包的办法。

谁知，一翻开书，我竟也被吸引住了，经常会情不自禁地笑起来，而且还会不自觉地把马小跳、唐飞、夏林果等书中的人物与我们班的一些同学联系起来。

你瞧，“名噪一时的马小跳渐渐地平常下来，成了极其普通的孩子。他仍然喜欢跳，不仅愤怒的时候跳，高兴的时候也跳。”我们班的孩子正是这样的，似乎从来没有安稳过，无论走路还是站着，他们的全身一刻都停不下来，即使是坐着，也是一跳一跳的。我们班的许多任课老师都会向我反映：你们班的孩子太调皮了。上课下座、说话、打闹，眼保健操也不好好做，队伍也站不好……都有份儿。

但在我眼中，他们却和马小跳一样生活得多姿多彩，快乐无比，也同样使我们的生活变得丰富起来了。正像《淘气包马小跳》这套书所要传达给我们的："理直气壮做孩子"！

……

《淘气包马小跳》这套书在细节描写和动词运用上也很下功夫，我想，作者必定是把孩子们放在了一个很高的位置上，充分地尊重他们，当然也包括尊重他们在成长过程中所犯的错误，才能把孩子的天性展现得如此淋漓尽致。就让我们允许孩子们理直气壮地做孩子吧！

关于理直气壮，庆文副校长讲过这样一件事儿。有一次全校在操场上集合，有一个小姑娘不紧不慢地从队列里走出来，仿佛根本没有听见广播里的要求，庆校长发现了，没有制止她，而是一直跟着她走到教学楼里，才蹲下身来，问她要干什么，孩子说："我冷了，我要穿衣服！"庆校长没有批评她，反而说："宝贝儿，你做得对！在学校就和在自己家里一样，冷了就回教室穿衣服！"

打乒乓球在中小学是最常见的体育活动。二校也在操场上为孩子们安置了10个球案，买了球拍、球，但是孩子们不喜欢，不爱玩儿。不喜欢玩儿就不玩儿，学校也不强求，丛校长说，兴趣得慢慢培养。

孩子的快乐是学校的底线。只有当学生真正以学校为成长乐园时，学校才能焕发出生机与活力。

在这个底线的基础上，严格的纪律要求，集体活动的整齐划一，就不再是形式上的追求，而是内在精神面貌的体现。在浑南二校，一系列严格的要求并没有影响学生个性的自主发展。相反，正是类似于"一分钟跨立"以及"一日十条"这种针对全体学生的基本行为规范的要求和训练，才为学生特长发展插上了翅膀。

学校创建以来，陆续成立了健美操队、舞蹈队、合唱队、乐器队，

在中年级还成立了葫芦丝、口风琴、二胡、快板等特色班级，中年级的学生全员参与乐器学习。早晨入校时，孩子们有的抱着葫芦丝，有的拿着口风琴，有的背着二胡，像一串串流动的快乐音符。为了调动每一个孩子的积极性，学校每个学期都组织“校园之星”评选活动，文明星、英语星、读书星、打字星、智慧星、运动星、写作星、才艺星、朗诵星、绘画星、歌咏星……每一个孩子都能大显身手，发挥自己的特长。

对于浑南二校的学生们来说，学校，不仅是一个获得知识的地方，更是一个可以获得快乐、诉说快乐和表达快乐的地方。在第一届毕业生的毕业照里，一张张小脸儿上绽放着灿烂的微笑，有一个小女生还调皮地伸出食指和中指在老师的头顶摆出一个 V 字形。一个孩子在她的心语心愿中写道：我的心愿是长大了和林老师一样漂亮！有一次，一个小男孩跑着扑到丛校长的怀里，大声地对她说：“校长，我有一件大好事儿要告诉您！我当上体委了！”

孩子的快乐因简单、纯真而格外让人感动。一个周末，轮到我值班，正好可以利用一下这个时间欣赏欣赏从浑南二校资料室拿回来的学生作文。孩子们奇特的想象和独特的思维把我逗得时不时发出阵阵傻笑。走进孩子的心灵世界，真的是一件让人无比快乐的事情。

浑南二校给了孩子们一个美好的世界，孩子们则给这个美好的世界增添了无限的精彩！

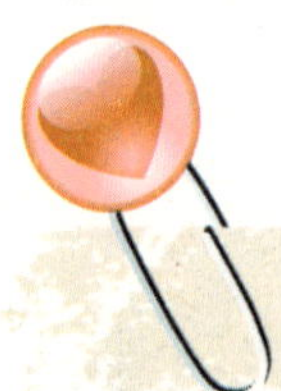

四、与教师的每一次谈话都是培训

在一所只有曲面黑板、普通讲桌和木质学生桌椅的学校里，一群走出大学校门不久的年轻人开始了他们的教师生涯。教学回归到了一块黑板加一支粉笔的原始状态，他们满怀热情，跃跃欲试；他们意气风发，朝气蓬勃；他们想法简单，甚至可爱；他们困惑茫然，不知所措。

筹备开学时，由于学校里没有任何一个人有过总务工作的经历，丛校长只好凭着直觉，选择了毕业不久的吴海波出任总务主任。要他去买开学用的办公用品，在城里跑了一天，他花了 282 元钱，买了 100 本备课本、2 箱粉笔、50 个圆珠笔，满心欢喜地向校长报告，校长看了，拍着他的肩膀说："傻孩子，这么大的学校，这么点东西能用几天啊?"开学前，学校要求班主任老师在班级黑板上写一些欢迎语，可是副校长发现有一名老师把欢迎语写在了教室后面的绒板上，于是问道，为什么不写在教室前面的黑板上，写在后面学生也看不到啊？年轻人赶忙回答：校长，黑板太新太滑了，写不上字！副校长听了，捧腹大笑，搞得小老师一头雾水。原来这些小老师不知道新黑板上面有一层保护膜！于是，几个人一起，把每间教室黑板上的保护膜一点点地撕掉。终于可以开学了，但问题一个又一个接踵而来。当下课的铃声响起，有的老师只是简单地对孩子们说，“同学们，下课了，玩吧！”而不知道应该组织孩子们到操场上做游戏；还有的时候会出现这样的情况，课上到半截儿卡在那儿，说什么也讲不下去了，听课的副校长上去接着把课讲完；情急之下，他们甚至会忘了自己的教师身份，还像个大学生一样，冲着校长脱口而出：“老师，那你说怎么办？”

这一切都怪不得这些年轻的老师。在他们中间，接近半数是非师范院校或师范院校的非师范专业毕业，有的根本没有实习经历，小学教育专业毕业的寥寥无几，只有个别教师曾有在小学实习或见习的短暂经历。从 8 月 24 日下午 1 点接到被录用的通知、3 点正式报到到 9 月 1 日开学只有不到八天的时间。尽管从教师报到的第一天起就陆续接受了“走上工作岗位”、“工作细节”、“如何备课”、“课堂教学常规”等专题培训，但是，这些匆忙的、粗线条的培训，不足以让新教师应付所有的问题。短短不到八天的时间，无论如何，这些刚刚走出校门的大孩子也不能完成从一个大学生到人民教师的转变。

在这不到八天的时间里，全校教师一边进行上岗前的培训，一边

还要紧锣密鼓地筹备开学。老师们报到的当天，不用说教材，学校连张纸都没有，直到 30 日才进来办公桌。学校资料室里保存着一些珍贵的“老照片”，生动记录着开学前那段艰苦的日子，丛校长的临时办公室就设在一间普通教室里，两张木质学生课桌拼在一起，成了第一任

校长的第一张办公桌；开学典礼的前夜，全体老师连夜赶排教师宣誓，女老师晚 10 点多才离开学校，早晨 5 点又赶回来，几个小伙子就枕着几个篮球在水泥地上打个盹儿；丛校长要求教

学楼里每一个角落都必须是干净的，老师们就把鞋和袜子都脱掉，光着脚，挨个教室走，楼上楼下走，戏称“走楼”；开学典礼上老师们穿的白上衣也是早晨现去五爱市场批发的，衣服上那些明显的叠痕，都没有来得及熨一熨，很少有人能想到这第一套“工作服”是老师们商量着自己掏腰包买的，那时他们还没有拿到一分钱的薪水；中午，从校长和老师们在一起吃午饭，小课桌一拼，七八个人围成一桌，每人手上捏着一个馒头，四个方便盒里盛着炒菜，一个小洗脸盆大的汤盆，一看里面就是麻辣烫。那正是第一批创业者津津乐道引以自豪的英雄故事和传奇。透过这些照片，我仿佛能够感受到二校人燃烧的激情，如此撩人心扉，那种感觉叫奋斗，那种味道叫创业！

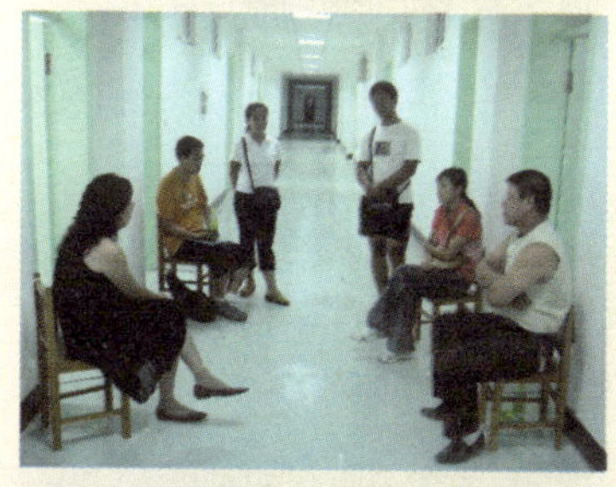

开学在即，脱产培训根本没有可能，只能是边做边学，边学边做。从外校调入的仅有的几名曾经有过教学工作经验的“过来人”，全部被充实到教学工作的第一线，担任班主任，并作出示范，成为榜样。因此，除了从校长，从副校长到教学主任、总务主任等所有的管理人员，都是“初任”。各类人员、各工作层面、各工作岗位、工作流程之间相互适应、相互磨合的艰难程度可想而知。在那些日子里，二校人把每一天都视为新的开始，把遇到的每一件事都视为难得的学习机会，从校长这个 CEO 与教师的每一次谈话都成为培训，老校长和那些过来人手把手地教，新手们如饥似渴地学，如今，原本无奈的选择已经成为二校的培训理念，不断学习、在做中学习、在实践中提高的观念深入人心，当初新人居多的不利因素已经转变为团队优势：学习能力强，接受新事物快，思维敏捷，乐于合作，充满活力。一个学习共同体正在形成。变劣势为优势，这是从校长的领导艺术。

在不具备开学条件的情况下，学校开了学。办公桌可以将就，午饭也可以对付。但课堂教学不能将就，学生教育不能对付。让这些热情有余、经验不足的年轻教师尽快站稳讲台，成为浑南二校压倒一切的任务。前苏联教育家苏霍姆林斯基在他的《帕夫雷什中学》一书中指出：“不论教师面临的任务多么紧迫，都不能一蹴而就。不论是教育战线的新手，还是有些经验的教师，对于校长来说，重要的是辨别他的能力，他的教育素养和一般素养，他的眼界和学识。重要的是怎样更好地防止课堂上出现各色各样的缺点和错误。听过头几节课之后，就应作出结论，为改进这位教师的工作质量都需要做点什么。”

作为教育专家，从校长深深懂得这个道理。开学典礼一结束，她就和副校长、教导主任一起，走进课堂听课，并着手建立严格的听评课制度。与此同时，在全体教师中开展教育教学常规管理的细节培训。2006 年的 9 月 1 日是星期五，接下来的周六、周日正常休息，细节培训就从9 月 4 日开始了。在学校的资料室里，我找到了浑南二校连续四周推出的一系列培训内容，摘录如下：

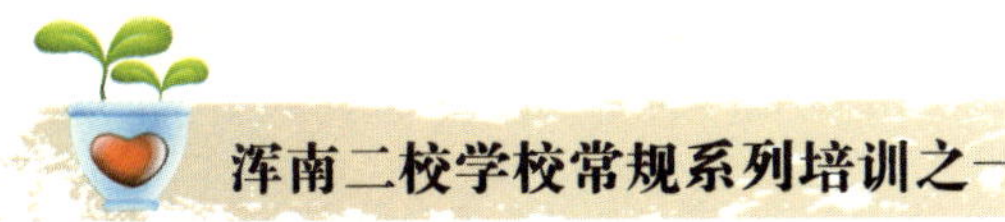

（2006年9月4日）

1. 教师应该在课前两分钟于教室门口等候学生上课，并在课前做好教具准备工作，保证四十分钟的授课时间。

2. 一至三年级班主任上课到操场接排，送学生进教室。

3. 每节课下课由上课教师组织眼保健操、下课，除值日生外其他学生必须到操场活动。

4. 学生在操场指定位置活动，听到铃声在指定位置站排，按顺序进教室。

5. 中午放学时间班主任送排，副班主任组织学生洗手取饭吃饭。

6. 中午吃饭时间各班主任、副班主任在教室与学生一起用餐。

7. 午间休息学生一律到操场活动，不得随意进出教学楼，在校吃饭学生一律不许离校。特殊天气学校组织学生统一活动。

8. 晚间放学各班保证放学时间，由班主任教师统一送到指定位置，家长不得围站校门。

9. 班主任教师约见家长，一律亲自到校门口接送。

10. 任何教师不得以任何理由私自向学生收取费用，一经发现严肃处理。

11. 教师外出听课上报教导处，安排代班教师或串课教师，两天以内都需补课，三天以上发代课条。

12. 值周教师做到准时、保时、保质、公平地完成值周任务。

浑南二校学校常规系列培训之二

（2006年9月11日）

1. 练好基本功，每日早晨一页小楷签到，写清日期姓名，教导处统一保存，统一评比，量化考核。

2. 每位科任教师保证每天听一节课，采用同学科、同年段、跨学科、跨年段多种形式，月末上交听课笔记。

3. 班主任每学期听课不少于30节。

4. 每月月末最后一个周二上交学生作业（数学演算、语文低年田字格、中高年作文）及教案，提前一周备课。

5. 教师不要随意串办公室。

6. 教师工作时间不得在办公室吃东西。

7. 教师不要戴首饰，不穿奇装异服，不穿露背、露脐装，化淡妆。

8. 不收受家长的礼物，不接受家长的吃请。

9. 有礼貌接待领导、客人及家长。

10. 学校为无烟学校。

班主任工作系列培训之一

（2006年9月18日）

班级一日常规管理

1. 学生在家早晨是否有晨读。

2. 班级的钥匙有几把，是否有学生开门现象。

3. 班级学生是否做到按时到校，家长是否送到指定位置。

4. 班级早自习是否有内容，是否有纪律监督员。

5. 班级的课间留人、课间纪律、课间排是否有监督员。

6. 科任课纪律是否有科代表管理，班主任有几种办法监控。

7. 书桌、地面、书膛里的卫生是否定期检查，班级物品摆放是否有序。

8. 学生的桌椅、桌布是如何管理的。

9. 是否做到了一日三次在规定时间内打水，门玻璃是否随时保证洁净。

10. 是否中午放学送排，学生几点返回，是否有购买零食现象，是否进教学楼。

11. 中午12：30是否做到教室只有值日生。

12. 下午是否做到从不随意把学生放到操场上玩耍。

13. 是否做到按市教育局规定留作业。

14. 晚间放学是否做到送到指定位置。

15. 为学生补课是否提前通知家长。

16. 每日是否做到人走屋净。

17. 班级是否有通风监督员。

班主任工作系列培训之二

（2006年9月25日）

班主任工作初期的重点工作:

1. 详细掌握班级学生的各方面情况。

2. 为建立班级的班委会做准备。

3. 了解学校关于班级评比的各项要求，作出相应的工作部署，教育学生认真遵守。

4. 注重班级特色的培养。

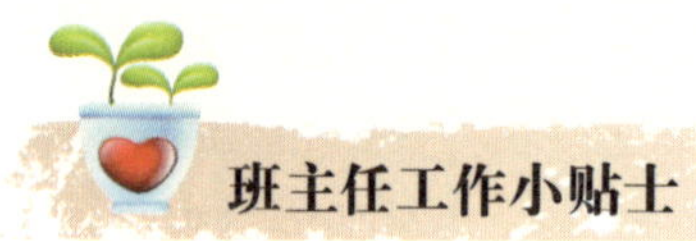

班主任工作小贴士

第一招：值日班长制度，学生人人都有机会，老师又能了解班级的学生谁有组织能力。

第二招：监督员制度，给学生定岗位，让学生管理学生，培养学生的能力。

第三招：优秀作业展览制度，把好的作业用各种形式展览出来，让学生有可学的榜样。

从校长关注细节，细节决定成败。和很多学校一样，出于卫生等方面的考虑，教学楼走廊两侧的墙裙也都进行了装修，上方则是每个班级的领地，一块绒面宣传板，上面贴的都是孩子们的杰作，内容随时可以更换，冷眼一看，二校墙裙的装修和其他学校似乎没有什么区别，但仔细观察，你会发现二校墙裙装修的高度比其他学校都要矮，只有 75 厘米，墙裙的高度低于孩子的身高，这样，哪怕是那些一年级的小不点儿也可以毫不费力地从平视的角度就把宣传板上的所有内容尽收眼底。在很多学校，情况却不是这样，墙裙的高度超过了孩子的头顶，宣传板悬挂的位置更是远远超出孩子们最自然状态下的那种平视角度，上面的内容也往往是电脑喷绘出来的成品，很长时间也不能更换，有的文字说明过多，字体很小，大人看着都费劲儿，不要说孩子了。学校里来了客人或是迎接检查，校长们指着宣传板兴致勃勃，滔滔不绝，客人们仰头望去，频频点头，随声附和，孩子们则溜着墙边从眼前走过，那些高高在上，或装帧精美或色彩艳丽的制作，文学艺术也好，天文地理也罢，好像和孩子们根本就没有什么关系，游弋在孩子们视野里的仅仅是那些冰冷的瓷砖泛起的淡淡青光而已。

在大多数学校里，出自苏霍姆林斯基的那句名言，让每一面墙壁都会说话，耳熟能详，深入人心，但凡有条件的学校，都要搞点儿走廊文化，确实做到了每一面墙壁都在说话，为了让每一面墙壁都开口说话，也着实花了不少钱。但是那些远远超越了孩子们正常视线范围的墙壁，说出来的话，不知孩子们是否能够听得到，而假如孩子们听不到，大概也就根本没有必要去说了。走廊文化不应该成为装点门面的摆设，更不应该成为演绎成就的道具。我们不能把“一切为了孩子”的口号喊得震天响，做起事情来却完全置孩子于不顾。既然是给孩子

们做的，就应该依据孩子们的身高和视线角度去设计和安装，而不是只要大人们看着舒服、得劲儿就好。学校是孩子们的，不是大人的。关于这些会说话的墙壁，其实还有值得探讨的地方，孩子们每天待在教室里的时间要远远多于在走廊的时间，但是在我们的学校，走廊里的墙壁比教室里的墙壁会说话，教室里的墙壁不说话。我去过一些国家的中小学，一般的情况却是，走廊里的墙壁没有教室里的墙壁会说话，在老外的学校里，教室里所有的墙壁，从头到脚，长满了五颜六色、各式各样的嘴，整天对着孩子们说个不停。中外教室墙壁，为何有如此的不同？个中原因，不言自明。令人欣喜的是，二校的教室里，除了黑板，教室后面的墙也交给了孩子们，尽管墙上的嘴还不够多，声音还不够大。细节是一种态度，细节也是一种境界。理念已经喊破了嗓子，该是静下心来更多地关注细节的时候了。

对学校的细节管理，二校的老师们深有感触。三年二班班主任冯艳老师在她的读书笔记中写道：

回想起来到浑南二校工作的半年时间里，在工作中校长提醒我们注意最多的就是“细节”，而这“细节”不仅仅体现在课堂教学中，还体现在间操训练、消防演习、学生的日常行为教育、师生的沟通和与家长的接触中。而我这个原本粗枝大叶、大大咧咧的人也随着这“细节”的氛围慢慢“细化”起来。这“细化”的半年让我尝到了甜头。我觉得自己的工作更加有序，工作的目标也更加明确。

对于年轻教师来说，起点很重要。高起点，意味着高质量、高效率。教育专家领衔，本身就是高起点。为了让年轻教师尽快成长起来，丛校长请来各路专家、学者到校做专题报告，请来教研员和名师上示范课，帮助教师们树立正确的教育理念，把握新课改的精神实质，熟悉各学科课堂教学流程和基本教学模式。

一段时间下来，老师们觉得有些适应了学校的教育教学生活。“咱们学校多好啊！”之类的议论不时地传到丛校长的耳朵里。“人就怕适应！”丛校长说，适应容易使人产生满足感，一旦适应了，就看不出自己与别人的差异。浑南二校的一切工作必须瞄准浑河北岸，瞄准沈阳中心城区！在信息上保持畅通，在理念上及时跟进，在实践上力争超越。

一定要让老师们走出去！学校组织全体教师参观了两所位于中心城区的学校。参观活动使老师们受到了强烈的震撼。参观结束之后，丛校长组织全校教师召开了一次座谈会。座谈会的气氛很凝重，每个人的心里都是沉甸甸的，像压了一块大石头。老师们一个接一个地发言，谈自己的感受。

“我才知道什么是学校！太惭愧了。”一位已经有九年教龄的女老师说着说着哭了起来。

“太着急了，咱啥时候能像人家那样啊！”年轻人看了人家的学校心里更是火烧火燎。

座谈会之后，为了尽快营造学校的文化氛围，美术组的几位老师利用休息时间，又到那两所学校跑了好几回。

年轻人，不服输，憋足了劲儿。

关于适应，丛校长也坦诚地谈到了自己。“时间长了，也怕适应。”“我也很担心我自己。”初到浑南的时候，总和原来的学校比，觉得反差太大了，后来，渐渐地，看什么都顺眼了，开始慢慢地习惯了。到二校之后，很长时间都没有买新衣服，因为每件衣服对于这里的老师和家

长来说都是新的，甚至也不怎么穿高跟鞋了，有点入乡随俗的意味。城里的一位女校长来看她，两个老姐妹促膝而坐说着私房话，城里的校长用脚尖轻轻地踢着从校长略显过时的平底棉鞋连声说，扔了，扔了，买双新的。从校长说这件事对她触动很大，衣着、鞋子过时不可怕，可怕的是思想、观念也过了时。她提醒自己，也提醒副校长，要注意衣着，更要注意不要让自己适应了环境，要去主动影响环境、改变环境。是啊，一个现代校长，外表、理念和思想都应该是美的、时尚的！校长的形象在某种程度上，难道不代表学校的形象吗？

后来，学校在为老师们选择校服时也注意了这一点。从品牌到颜色，从款式到面料，从裁剪到做工，都考虑得十分周全，既要考虑到教师的职业特点，又要考虑到年轻教师的喜好，在总体稳重大方的前提下，细节部位如兜口的处理体现了对时尚元素的追求。从校长曾专门给我讲过为了给老师们挑选好校服，她怎么考察市场，反复比较，然后耐心地等到圣诞节打折的时候才“下手”。

常规管理的细节培训为年轻教师的专业成长夯实了基础，专家引领、名师示范拓宽了眼界，参观学习唤起了使命和责任。老师们的热情一发而不可收。

为了让年轻教师尽快成才，对学校有归属感，对职业有自豪感，学校开展了“爱在二校，我与二校共成长”的主题教育活动，为年轻教师制订了三步阶梯式成长计划，即“爱岗位，明责任，站稳脚跟”、“爱学生，精技能，站稳讲台”、“爱学校，树旗帜，打造团队”。

爱岗位。全校做到人人有岗，岗岗尽责。年轻教师，更是懂得要从一名大学生成长为一名合格的人民教师，必须重新学习，一切从头开始。丛校长曾介绍说，二校的教师队伍呈现出“三高一少”的特点，外语水平高，计算机应用水平高，学历高，教学经验少。我觉得还应该加上一个特点，那就是学习的热情高！开学后第一个学期，是一段异常艰苦的日子，工作压力大，条件又简陋，下午四点半下班，但晚上七点之前老师们根本走不出去校门，每个人都在拼命学习，埋头苦干。每一次参加培训，都是如饥似渴，全神贯注，听得仔细，记得认真。庆文副校长多次提到，年轻教师学习的那股子劲头太可爱了。那种可爱，让人感动。寒来暑往，披星戴月，年轻教师，不断成长。现在，他们已经在教师生涯上迈出了可喜的一大步。从“能上课”到“会上课”，只有他们自己最清楚到底洒了多少汗，流了多少泪！

爱学生。学校注意在教师中强化四种意识，即“爱生意识”、“质量意识”、“团队意识”和“竞争意识”，落实“三一”工程，托出三分之一的优等生，让他们成为德、智、体、美全面发展的优秀学生；扶持三分之一的中等生，让他们成为基础扎实有浓厚学习兴趣的潜力学生；帮助三分之一的学困生，让他们掌握基础知识和基本技能成为合格学生，叫响浑南二校无差生。在教学管理方面，二校注重以人为本与科学管理相结合，突出强调“教书育人”、“质量立校”，建立了针对学校实际学情的质量管理制度。在夯实基础的同时，注重能力的培养，每一学科都设立了能力评价目标，如英语学科制订了综合星级评价方案，改变了一卷定终身的评价模式，为学生能力发展创设了展示的平台。“关注每个孩子的成长，引领每个孩子的成功，分享每个孩子的快乐”的办学理念深入人心，并得到真正的落实，学生人人都摘到了基础星。

爱团队。团队是一种凝聚力，团队是一面追求卓越的旗帜，团队更是学生的楷模。在争创优秀团队的过程中，体育组四个小伙子一马当先，脱颖而出。中小学校对各种荣誉表现出的那份执著和珍惜十分普遍，体育或艺术这样的集体竞赛项目在培养和激发教师和学生的意志力、表现欲、竞争意识和团队意识方面，则更具优势。2006 年 9 月 17 日，浑南二校接到新区将要举办中小学生健美操比赛的通知，学校刚刚成立十几天，完全可以不参加，但丛校长却认为应该把这次比赛当作振奋精神、鼓舞斗志、提升人气的好机会。经过学校领导班子的认真研究，一致认为如果能够加强训练，有可能获奖。说干就干，而且目标就是夺冠！攥紧拳头争第一！既值得做，就值得做好，这是二校人的风格。体育组很快设计出了全套体操动作，音乐组负责配好了音乐，轮到选拔队员，却犯了难，五、六年级加起来才两个班，不到 70 人，体育组初选只选出了 12 人，没过得了丛校长这一关，后来不得不降低标准，又在四年级的学生中挑了一些队员，好不容易凑足了 40 人，训练就在一间普通的教室里开始了，除了一台录音机，几乎没有任何设备，周六、周日、“十一”长假，体育组的老师和小队员都没有休息，一直坚持排练，从规定动作到自选动作，从入场到队形变换，从动作细节到表情和心理调整，自家人看着似乎已经说得过去了，可是却被专业人士指出存在严重的问题，就是孩子们都是弓着腰做的，腰根本没有挺起来。于是，一个一个开始纠正。一个月下来，小队员们的形体和气质发生了可喜的变化，心理素质也有了提高，集体荣誉感更是明显增强。临比赛之前，学校专门为孩子们请来化妆师，为孩子们梳头、化妆。为了让孩子们的肤色看上去白一些，据说每个孩子的脸上打了四层粉底！化妆之后的孩子们简直变了个样！学校为每个孩子支付了五元钱的化妆费，这在当时的二校，称得上是一笔大开销了。体育组的老师们告诉我说，临上场前，他们挨个叮嘱孩子们一定要精神放松，可是他们觉得自己似乎比孩子们还要紧张，比赛中间，一个学生的鞋带突然开了，当时他们的心一下子都提到了嗓子眼儿，如果那个孩子绊倒了，队伍整体的美感就会被破坏，还没等大家缓过神儿来，又一个孩子的鞋带也开了，好在没有出现任何失误，当孩子们比平日训练时更完美地完成了全部动作，大家的心才终于落了地。他们说，当时看到孩子们出色的表现，心里都非常感动。当评委宣布浑南二校获得浑南新区中小学生第二届健美操比赛规定动作和自选动作一等奖时，二校在场的所有孩子和老师们不由自主地拥抱在一起，情不自禁地欢呼起来！二校的夺冠，让很多人始料不及，大跌眼镜，有人甚至认为二校弄虚作假，说丛校长从城里的学校借了学生！学生肯定不是借来的，至于作假嘛，如果多擦粉底也算作假的话，那倒是逃不了干系。建校历史上第一块奖牌就这样被体育组捧了回来，学校为他们召开了第一次庆功会，在第一次庆功会上，丛校长向几位体育老师颁发了学校的第一次大奖：每人一朵大红花，两袋方便面！我当时听到这里，目瞪口呆，简直不敢相信自己的耳朵。不会是自己听错了吧，应该是“两箱”吧？连声问，真的啊？丛校长解释说，当时学校经费确实很紧张，但无论如何也要奖励一下，体育组的老师们都是单身，有的家在外地，方便面对于小伙子们来说，很实际。我算服了，咱没钱，但咱不差事儿，一朵大红花，两袋方便面，精神的，物质的，一样不少。

体育组在一举夺得新区健美操比赛第一名后，便一发而不可收，一年中先后完成了沙瓶器械操、武术操、“初升的太阳”广播操、身体素质天天练、校操、韵律操等六套自编操。尤其是独创的“一分钟跨立”，在学生行为习惯养成方面，功不可没。组建国际象棋、中国象棋、围棋队，带队出征，也小有战绩。放下荣誉，体育组正脚踏实地地迈向自己的专业发展之路，不仅参加了省级实验课题，在2006—2007学年度下学期初还完成了全体学生以及学生家庭体育活动情况的数据调查和统计，期末又从身体素质、体育技能等几个方面对学生进行了测评。在建校初期最艰苦的那些日子里，体育课从来没有停过一节，每天的两次大课间，内容更是丰富，孩子们格外喜欢。学校组织到可口可乐公司参观，公司免费提供塑料瓶装的可乐，孩子们喝完了，瓶子不舍得扔掉，拿回学校制作沙瓶。继健美操之后，体育组又为学校赢得了新区奥运知识竞赛和全市体育教师基本功大赛两个第一，相信他们在未来的日子里，还会有更出色的表现。

英语组的专业实力在全校首屈一指，在创建优秀团队的活动中自然当仁不让。二校学生英语基础普遍不好，但是家长盼望孩子学好英语的热情却很高。建校之初，学校就做过调查，发现有三分之一的家长要带着孩子跨过浑河补习英语。学生的需求就是学校的方向，于是学校把英语特色学科的建设作为学校发展的增值点。创建特色，关键是激活兴趣，在激活孩子们学习兴趣方面，英语组着实下了一番苦功。了解英语组，要先走进她们的办公室。被四位女士占据的办公室足有一间普通教室那么大，在这个办公室里，最引人注目的是那面写着“I believe I can fly!”（我相信我能飞）的墙壁，《I believe I can fly》原是美国歌手 Kelly 的一首格莱美获奖歌曲，后来被选为电影《空中大灌篮》的主题歌以及别克车的广告曲，英语组把它作为组歌和组的座右铭，她们说，I believe I can fly 为每一个人带来了希望，带来了那片属于自己的天空，只要我们相信，就没有什么不可以做到。她们相信自己可以高飞，更能带领自己的学生一起高飞！除了这一行十分醒目的大字，墙上还有鼓励孩子的 101 句话。这面墙让人感觉到的是一种气势和信念，飞扬的青春和向上的力量。隔壁的英语活动室是孩子们最喜欢的地方之一，我和四位英语老师的交谈就选在了这里。这个全校最大的教室被装饰得令人目不暇接，头顶悬

挂着一排又一排的小标语，上面分别用中英文写着“听英语”、“玩英语”、“唱英语”、“说英语”、“读英语”，显然这就是二校倡导的学习英语的方式了。四周是书架、报刊架，上面摆着英文图书和报纸杂志，墙上贴满了写有英文单词的卡通图片，地上堆着玩具和儿童桌椅。老师们告诉我，她们把这个活动室称为“英语剧社”，剧社是老师们自己动手布置的，

学校每周一升旗仪式后安排了一个全校学生都要参与的“英语小课堂”活动，老师们挑选适合孩子的英语小品或短剧，安排学生表演，每次都找出其中的一句话，配上形体动作，重点学习，生动形象的表演最能吸引孩子们的眼球，给孩子们留下深刻的印象，学习的效果自然就好。为了巩固记忆，英语组还会把提炼出的那句话写在一块小黑板上，放在校门口，孩子们每天进出学校都会看到，那些英语小品就是在这个“英语剧社”里排练的，有的时候英语课也会安排在这里，中午和课后孩子们也都愿意到这里来玩儿，在英语剧社，孩子们大声唱、放

声说、尽情演。为培养英语学习兴趣，英语组每周推出一首英文歌曲，根据小学生活泼好动的特点，配上动作，编排成“英语操”，孩子们在边唱边跳中轻松地学习英语，现在，班班都有英语操领操员，学校还定期组织英语操比赛。周二到周四的早晨是英语广播时间，孩子们可以跟着广播在操场和教室里说、唱、跳。冬季百花凋零，但是在浑南二校的走廊里，却处处盛开着英语花。去年圣诞节前夕，学校为孩子们举办英语艺术节，学校把家长们都请来，和孩子们一起动手制作英语板报，孩子们写、画，家长帮着剪、贴，亲子学习，其乐融融。学生外出参观，英语组也要见缝插针，她们会事先准备好一些和活动主题密切相关的单词和句子，在活动的过程中教给孩子们。英语组还为全校师生提供了50句英语“爱的格言”，在教学楼里专门为孩子们开辟了“英语涂鸦墙”。英文歌唱活了特色，英文操跳活了特色，广播说活了特色，小品演活了特色，人人动笔画活了特色。不仅如此，教学楼里的久誉厅、爱源厅以及书、德、家、艺四条文化长廊都使用双语进行展示，让孩子们在校园里处处接近英语，感受英语氛围。她们还与沈阳理工大学英语学院签约，为每个班级都聘请了大学生志愿者做英语辅导员。全方位打造的英语学习氛围，实实在在地延展了孩子们英语学习的时间和空间。在创意中求“活”，在氛围中求“浓”的同时，英语组没有忘记最根本的一条，就是在教学中求“实”，只有做实教学主渠道才能为特色保质量，每班每天一节英语课，英语

Love Love Love

ABC

阳光地带

老师承包到班，英语教学做到课课清、段段清，每月都有质量跟踪测试，英语组还先后组织了英语百词竞赛、英语阅读之星和“英语星”校内考级活动，精选1000个英语单词，共设八个级别。敏特英语智能学习机的引进，更使二校的英语教学如虎添翼，每人一个学习账号，教师在后台监控学习进度的学习模式，使英语教学在利用现代教育技术，拓宽学习渠道，改进学习方式，提高学习效率，尤其是促进学生自主学习、实现个性化学习方面进行了有益的探索。英语特色的创建为学校对外开放和国际交流奠定了一定的基础，学校先后与新加坡蒙福小学和儒郎小学结为友好学校，为孩子们打开了飞向世界的一扇窗，同时锻炼了一支过硬的队伍，I believe I can fly!

紧随其后的还有音乐组。音乐组将工作重心放在了中年段，在中年段开展快板班、葫芦丝班、二胡班、口风琴班等特色班级的培养，组建合唱队、舞蹈队、表演队等，学生参与面达70%以上。在学校的文艺演出汇报会上，眼看着自己的孩子不但学习进步，而且学有所长，家长们乐得合不拢嘴。

电教组的三个小伙子掌控着“数字校园”的命脉，所有高、精、尖的设备都在他们手上了，三个计算机教室，每个班级、每位教师一台计算机，一共200多台计算机，遍布学校每一个角落的内线电话，全都要听从他们的指挥。学校所有的电教工程，从设计到布线到安装都由他们一手完成。白天上课当先生，晚上施工变蓝领，当然，到了假期，会有几个得意门生自动找上门来当“学徒”。孩子们能干这样的活计，师生之间配合如此默契，连丛校长都感到吃惊。这其中定有奥妙之处。

二校的这些优秀小团队有一个共同特点，就是每一个团队内部都有一个“领军”人物，他们在团队内发挥着表率作用，号召力强，团队内分工明确，工作效率高，既敢担重任，又有良好的执行力。

大师爱因斯坦曾说过这样一句话：“人的差异在于业余时间。”人与人的差异在于此，团队与团队的差异亦在于此。对于一所学校来说，学生期末考试后、教师放假前的这一时段便类似于大师所说的业余时间，教学任务已经结束，学校可以相对自由地安排。对于这段时间的利用，大体有三种做法。一是学校处于管理的无序或者半休眠状态，相当于彻底放弃了对这个时间段的利用。二是学校基本按照常规的做法，随大流儿，属于基本有序状态，这个时间段也没有得到充分利用。三是学校把这个时间段视为一个小小的机遇期，加以有效利用。

浑南二校选择的就是第三种形式。从建校到现在，三个学期过去了，二校也已经经历了三个这样的时段。每个这样的时段，学校都会做精心的安排。这个期末，上午，主要是利用学校新购置的英语学习智能机在全校师生中开展英语培训，针对孩子们腰不直的毛病，还专门从省体育学院请来研究生为学生安排了形体训练课，下午安排教师业务学习。丛校长跟老师们说，大家都向前迈步时，我们紧紧跟住，不落下，当别人喘息时，我们也不停步，而

是再向前迈一步，这样做，稍稍紧张一些，累一些，但如果每个假期我们都迈出一小步，最终我们会迈出一大步，学校有收获，大家也有收获。

一点一点地耕耘，一点一点地收获。今天，站在三尺讲台上，年轻人已经越来越有信心，他们越来越受到学生、家长的喜爱，他们的成长也成为学校发展的动力。

年轻人取得的每一点一滴的进步，老校长都看在眼里，喜在心头，总会及时给予鼓励，定期进行总结。每学期期末，都是浑南二校进行大盘点的时刻，平平常常的期末总结会，被二校人搞得有声有色。每次的总结会，老师们都要给它起一个名字，第一学期，2006-2007 年度上学期，叫“初为人师”，老师们说，“我们的回忆中有一份感恩，我们的回顾中有一份感激，我们的回首中有一份感悟，我们的回望中有一份感动。”“学校让我们有机会做我们自己，学习让我们有机会提高自己，读书让我们有机会充实自己，活动让我们有机会展示自己，成绩让我们有机会鼓励自己，希望让我们有信心挑战自己。”下学期的题目是“爱让我们成长”，“我们长大了！我们长大的历程，一路有领导的关爱、各界的支持、家长的理解，我们长大的历程，就是对爱的理解与感悟的过程，我们长大的历程，就是不断用爱的力量激励自我前进的过程。”

2008 年 1 月 21 日，我有幸参加了浑南二校 2007-2008 年度上学期总结表彰会，这一次的题目是：我要飞得更高！老师们觉得校领导起的名字太老旧了，“就叫‘我要飞得更高’吧，是流行的励志歌曲里面的一句歌词。”“还有更好的，留着明年用吧！”总结会的会场就设在学校的英语活动室，从别的教室里搬来桌椅，老师们围坐在一起，投影仪投出会议的主题“我要飞得更高”。总结会上，先是学校中层干部和学校领导述职，随后全体教师对其进行民主测评。接下来宣布星级教师名单、优秀小团队名单，为18名星级教师和体育、英语、一年组3个优秀小团队颁发奖状和奖品，一般情况下，表奖到此也就可以结束了，但是二校却还要加上一段星级教师和优秀小团队发表“获奖感言”的程序：

班主任王金娜：借用《士兵突击》中许三多的一句话：“不抛弃，不放弃”。在今后的工作中，我会对我们班的每一名同学不抛弃，不放弃，让他们成为具有许三多精神的人。

英语组杨艳：我坚信，因为有我的一份力量，爱之花，会在浑南二校的英语世界中绽放得更加鲜艳！

英语组项嘉：星级教师不是我的最终目标，用我的真心和爱心去帮助每一个孩子，让他们成为浑南二校的明星才是我始终努力的方向。

体育组的集体宣言：我们可以不帅气，但我们健康！我们可以不伟大，但我们庄严！我们可以不完美，但我们努力！我们可以不永恒，但我们执著！

体育组王磊：二校是新建校，我们中绝大多数都是刚刚毕业的大学生，教学经验方面还有所欠缺，所以我们对每次机会都像抓住了救命稻草一般地去珍惜，这是我们向上的动力，我相信，随着时间推移、教学经验的增长、知识的积累、技能的完善，我们所拥有的不再是一棵小草，而是一棵令人仰望的参天大树！

体育组关维贺：生活的理想就是有一份理想的工作，我会抓住它，加倍努力做好这份工作来回报大家对我的支持和帮助，“8”是一个吉祥的数字，2008是中国奥运年，8月8日是奥运会开幕的日子，也是我的结婚纪念日，因此我对2008年充满了信心，我希望大家能更加关注体育组，给我们更多的关心和帮助。

音乐组佟飞：也许我不够执著，也许我还需努力，但我决不轻言放弃。

图书馆李姮：万卷书屋是我的骄傲，在今后的工作中，我会让每一本书一尘不染，让每一位进入万卷书屋的学生都有所收获，愿书屋中的每一本书，都成为孩子吮吸知识的源泉，希望通过我的努力，万卷书屋不仅成为我的骄傲，也会成为浑南二校的骄傲。

一年组：我们一年组最大的秘密武器就是爱。在这半年里，每个孩子在我们眼里都是浑南二校的希望，我们一年组每一位老师用自己最无私的“爱”去浇灌这一棵棵娇嫩的幼苗，希望他们在二校的校园里茁壮成长，当一棵棵枝繁叶茂的参天大树在二校中矗立时，我们就可以骄傲地说：“我们完成了老师最神圣的使命。”

感言之后，一月份出生的教师集体过生日。总结会的最后，全体教师齐唱《飞得更高》：“我要的一种生命更灿烂，我要的一片天空更蔚蓝，我知道我要的那种幸福，就在那片更高的天空，我要飞得更高飞得更高，狂风一样舞蹈挣脱怀抱，我要飞得更高飞得更高，翅膀卷起风暴心生呼啸，飞得更高，飞得更高，飞得更高……”

有时候，一种氛围的营造和对人的感染或许比活动本身更重要，因为它已经远远超出了活动本身的意义。

我承认我是一个特别容易动感情、掉眼泪的人，在电视机前看2008年《感动中国》专题片时，我没有哭，但是，那一天，在浑南二

校，在一所普普通通的小学，在一间普普通通的教室里，我被一群普普通通的年轻人深深打动了。打动我的，不是别的，是他们的年轻，是的，年轻本身，就足以让人感动，因为这是对生命的敬畏。一群年轻人，近在咫尺，空气中弥漫着掩饰不住的自信，一种力量在涌动，无比坚强，势不可当，好像种子发芽、冰河融化、火山喷发！在那一瞬间，我似乎突然明白了生命中最有价值、最有力量、最难获得的不是理性而是激情，是对人生的一份恒久的热爱。

从校长会带队伍。这是从校长过去的行政领导简单而中肯的评价。从校长带队伍的秘方就是“精细化+情感化”，这也是二校的管理模式。“精细化管理就是学校全体人员做到人人有岗、岗岗有责，事事有分工、物物有人管，件件有记载、处处有考核。”从校长说，“每一位员工都清楚地知道自己的工作职责，知道干什么，怎么干，干到什么标准，对谁负责，确保全校教职工对自己所承担的每一项工作都细心，对每一个环节都精心。精细管理的精髓就是做细、做实、做好、做到位，做出精品，逐步形成一种层层负责、人人有责、人人尽责的良性管理机制。”

到底精细到什么程度，我们从这次星级教师的评选中就可见一斑。活动初期，学校就确定了评选的宗旨和基本原则，学校认为，星级教师的评选，必须使爱岗敬业的教职工得到奖赏和鼓励，必须使为校争光的教职工得到奖赏和鼓励，必须体现干多干少、干好干差不一样。为了做到这些，学校采取了日常考核、期末汇总的方法，对教职工的日常考核主要包括完成满工作量、师德、学习、班级（中队）管理、教学、以校为家、为校争光等方面，其中有的针对全体教职工，有的针对班主任、科任、二线教师等不同岗位。每名教职工在各方面的表现平时都有记载，到了期末，只要对照标准，各项相加，就可得到各自的总分，好比是“零存整取”，不过没有利息，也无需纳税，平时存多少，期末取多少。

完成满工作量奖（全校）

学期内工作量满并能较出色地完成各项教育教学任务的教职工可以得到200分基础分。

师德奖

类别	精勤奖	全勤奖
分值	120	100

1. 考勤奖（全校）

精勤为学期内无一分钟假，在全勤基础上加20分；学期内累计请假三天以内（包括三天）并且从未影响学生课者为全勤，100分；请假三天以上者，每累计一天扣10分，半天扣5分，扣完为止。

类别	满意奖	和谐奖	不得奖
分值	25	15	0

2. 文明教工奖（全校）

满意奖：通过调查问卷，师生及家长满意率达到95%以上；

和谐奖：家长反映工作有轻微失误者，但问题得到较好处理；

不得奖：有体罚、变相体罚学生现象，经核实无误。

类别	一等	二等	三等
分值	25	15	10

3. 学习奖

以政治学习笔记、业务学习笔记、读书笔记三项作为评选标准，三项均为一等评为一等；三项有两项为一等评为二等；三项只有一项为一等评为三等。

类别	一等	二等
分值	8	5

4. 文明科室（全校）

由工会牵头定期抽检，累计得分，评出一二三等，三等不得奖。

德队活动（班主任）

1. 班级特色奖（二胡、口风琴、葫芦丝、快板、健美操）

类别	一等	二等	三等
分值	30	20	10

（1）一等有特色、有展示、成果佳；（2）二等有特色、有展示、成果较好；（3）三等有特色、无展示、成果一般。

类别	一等	二等
分值	20	10

2. 关心集体奖（为校作贡献）

视贡献大小，酌情而定，如高年级劳动次数多、为校作贡献多等。

3. 优秀中队、优秀班级

根据部门平日考核、校教师测评、学校领导集体决定，原则上不兼得。

类别	优秀班（中队）	未评选
分值	10	0

4. 校小集体奖

类别	一等	二等
分值	5	0

评选出校纪律、卫生、读书、英语一等标兵班。

产生办法：同优秀中队、优秀班级。

教学奖（一线教师）

1. 教案（任课教师）

类别	一等	二等	三等
分值	30	20	10

2. 作业

类别	一等	二等	三等
分值	30	20	10

3. 及格率（语数外）达标奖

类别	单科及格	年组第一	年组第二	优秀率达标
分值	20	20	15	20

（1）每一单科达到及格率得 20 分；

（2）年组第一位最优得 20 分，第二位优秀得 15 分；

（3）一、二、三、四年级评出最优奖，五、六年级不评。

4. 优秀率奖

类别	优秀率达标	未达标
分值	20	0

注：优秀率计算方式为低年 95 分以上达到 85%；中年 90 分以上达到85%；高年 85 分以上达到 85%。

5. 优秀课（任课教师）

类别	参与	校级	区级	市级	省级
分值	5	10	15	20	30

6. 校教师基本功大赛

类别	一等	二等	三等
分值	20	10	5

粉笔字、钢笔字、英语三项均一等为一等奖；三项有两项一等为二等奖；三项有一项一等为三等奖，未参赛不得奖。

以校为家奖

1. 固定资产保管奖（班主任、科室负责人）

类别	一等	二等	三等
分值	30	20	10

分为电教设备设施和固定资产（桌椅）两项。其中两项均为一等评为一等奖；两项中有一项一等评为二等奖；两项均为二等评为三等奖。

2. 校务分担（科任）

类别	一等	二等	三等
分值	40	25	10

标准：（1）校大型活动积极参加、有展示；（2）校公益性活动中，表现突出；（3）资料整理中加班多。

类别	一等	二等	三等
分值	30	20	10

3. 代课（一线教师）

以教导处统计为准。

为校争光荣誉奖（以证书为准）

1. 获得个人称号
2. 论文奖

类别	区级	市级	省级	国家
分值	10	15	20	30

3. 获市区基本功大赛奖

类别	市一等奖	区一等奖	区二等奖	团队成员
分值	40	20	20	10

4. 校优秀小团队

级别	组长	组员
分值	20	15

标准：（1）团队领头人作用好；（2）团队成员工作成绩好；（3）团队成员在群众中威信好。（领导、群众测评）

5. 指导参赛奖，15 分

每个人的总分计算出来后，在同类岗位教师中进行比较，分别以45%、40%、40%的比例从班主任、科任教师、二线教师中提出候选人名单，提交全体教师测评，按各岗位数量的40%、35%、30%，评选出18名星级教师。

做下来的结果，没人不服，心服口服。

在丛校长的办公室，我曾看到过那份用数张八开的复印纸拼贴起来的考核汇总表，上面密密匝匝地记录着每一位老师的每一项、每一个得分点的得分情况，从那张表上，能很直观地看出每个老师在哪些方面较出色一些，在哪些方面表现得相对弱一些。

那张不起眼的表格，足以告诉人们，什么是精细化管理。

所谓情感化管理，就是温暖人心。只有校长让教师的内心感到温暖，教师才能让学生的内心感到温暖。丛校长的年龄是这些年轻人的两倍还拐弯儿，她常以校长和母亲的双重身份要求和对待自己的部下和学校的教师，努力做到“三个一”：给教师一份真诚，尊重、理解、信任每一个人；给教师一份善意，在生活上体谅人，在工作上宽容人；给教师一份关爱，关心教师的进步与成长，为教师的专业发展创造条件。她说：“我和教师们相识是个‘缘’，相聚是个‘和’，相融是个‘爱’”。她把这份慈母般的爱体现在每一个工作环节中，温暖着一颗颗年轻的心。她能够设身处地地考虑刚参加工作的青年教师的工作以及衣食住行的疾苦，理解他们遇到挫折时的心境，也了解他们恋爱婚姻中的幸福和痛苦。始终把教职工的情绪作为第一信号，把教职工的满意作为第一追求，把教职工的疾苦作为第一责任。建校之初，学校“家徒四壁”，丛校长第一个武装的不是自己的办公室，而是教师的休息室。在浑南二校，每位教师过生日，学校都会花上3元钱送上一小块儿生日蛋糕，价格虽然低廉，但丝毫不掩真情。学校克服困难办起了食堂，单身的年轻教师每天终于能够吃上一顿可口的饭菜了。我曾在丛校长的一份打印好的讲话稿里，发现她用钢笔把教师“培训”计划改成了“成长”计划，一词之差，从被动到主动，体现了老校长对年轻教师的殷殷期待。校长把教师挂在心上，教师就会把事业挂在心上。

转眼间，一年多过去了。回顾这一年多的经历，丛校长说：“让我感到欣慰的不是二校硬件条件的改善，也不是让人回味的学校文化，而是这支年轻、有潜质的优秀教师团队在形成，我为他们的进步和成长而自豪！”

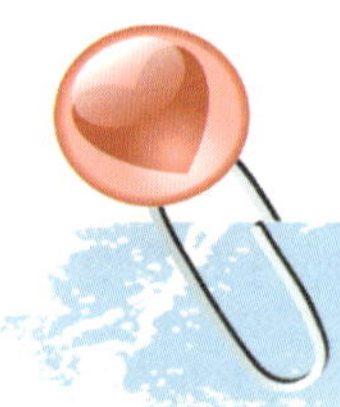

五、仅有一个字的校训

爱，是浑南二校的校训。

这一个字，是浑南二校的魂。

她像小溪清澈见底，她像大海深邃无边。在孩子们的眼神里，你可以读到这个字；在孩子们的歌声里，你可以听到这个字；在学生、家长和老师们的读书笔记里，你可以看到这个字。

这一个字，凝聚着浑南二校的核心价值观；这一个字，更昭示了教育的良知。浑南二校人用自己的心对这一个简单的“爱”字进行了解读。2007 年 3 月 26 日，在学校报告厅，从莲芳校长向全体老师、学生和家长郑重地宣读了这份“爱的解读”：

爱——人类最美好的情感

爱是人类特有的、最伟大的情感，是人与人相处的基本要求。爱就像阳光、空气、雨露一样，无处不在；爱也像一个微笑、一句问候一样，朴实无华。心灵深处最美好的东西，那一定是爱；心灵深处最闪光的东西，那也一定是爱！爱的力量比什么都强大，它是无形的，看不见，也无法去衡量，然而，它的强大却可以改造你，给你带来比任何财富都更多的快乐！爱是打开幸福大门的万能钥匙，有了爱，一切都变得那么美好！

爱——学校教育的基石

教育的真谛就是爱，爱是教育的灵魂。没有爱，如同池塘没有水一样。没有水，就不成其为池塘，没有爱，就没有教育。为人师者，必须追寻爱，让爱流淌在我们的血液中，充盈着周身每一个细胞。老师们，只要我们真诚地捧着一颗爱心，以我们自身的高尚品格，过硬的业务技能，一定会感染我们的学生。让爱激励我们二校的每位教师真心地做到：

用爱的微笑面对孩子，

用爱的眼睛发现孩子，

用爱的渴望调动孩子，

用爱的语言鼓励孩子，

把爱的机会还给孩子。

我们有幸成为二校的教师，就不能忘记教师的责任就是在孩子心中播种爱，培养爱，传播爱。

爱——家庭教育的沃土

亲爱的家长朋友，对孩子来说，父母的爱就如同孕育地球上所有生命的阳光和水那样重要。然而，如此重要的感情，也会有让人意想不到的“误区”。现代家庭，家长爱心之切，爱之过度，爱之过分，集各种爱于一身的孩子竟不知道这是一种爱，反而觉得是一种负担，是一种烦恼，使他们失去了自由，因此，家庭的爱，出现了“五过”，带来了“五无”：

一是父母过高的期望，带来的是孩子的无望；

二是父母过多的干涉，带来的是孩子的无奈；

三是父母过度的保护，带来的是孩子的无能；

四是父母过分的关心，带来的是孩子的无情；

五是父母过多的指责，带来的是孩子的无措。

扭曲了的爱，生产出了“五无”产品。孩子在痛苦，大人在焦虑，社会在反思。亲爱的家长朋友，如果你真的爱孩子，请你做到：

用爱的目光注视孩子，

用爱的心情倾听孩子，

用爱的细节感染孩子，

用爱的管教约束孩子，

用爱的胸怀包容孩子。

我们有幸成为孩子的父母，就要让孩子明白，他们的责任是发现爱，感受爱，发扬爱。

爱——孩子成长的营养

亲爱的同学们，在老师和家长的教育呵护下，你们在享受爱的同时，也一定要在爱中汲取营养，学会去爱。在家长工作繁忙时，你的一声问候，会驱走他们全部的疲劳，就在这话语间，你学会了爱，懂得了亲情之爱；走在校园里，你弯弯腰，拾起一张废纸屑，小树看到了也会对你微笑，你在细微处学会了爱集体；在雨天里你为同伴撑起一把伞，你懂得了爱带给你的快乐，你学会了爱伙伴；在你把一份书写工整的试卷交到老师手中的时候，老师满意的微笑，让你懂得了这就是对老师最好的回报。

在你手捧书籍如饥似渴地阅读时，你就是在与一个个伟大的人交谈，他们教你学会爱祖国、爱科学、爱自然、爱世间一切美好的事物……

让我们做到：

用忠心爱祖国，用孝心爱父母，用诚心爱学校，用热心爱书籍，

用真心爱科学，用童心爱自然，用善心爱同伴，用信心爱生活。

同学们，爱的营养会让你健康茁壮成长，会让你学会感恩，学会奉献，学会分享，会让你成为世界上最快乐、最幸福的人。

爱——浑南二校的精神力量

可亲可爱的浑南二校的全体师生，相信“爱”会成为凝聚浑南二校的精神力量，我们在各级领导、各界人士的关爱下，一定会把“爱”打造成为学校的文化品牌，永远牢记爱的宣言，在爱的感召下团结一心，用爱来构造和谐校园的基石。

浑南二校把校训确定为“爱”，让爱充满校园；让我们坚信有爱就有生活，有爱就有希望，有爱就有明天。让我们在师生的问候中，在愉快的课堂学习中，在为校争光的各项活动中，相亲相爱，让我们浑南二校师生的成长沐浴在爱的阳光中，让每一位走进浑南二校的人都能够感受到爱意拂面，感受到爱潮涌动，都会被爱感染，都愿意投身到我们爱的活动中来，和我们一起享受爱的幸福与快乐。让我们携手，用爱心点燃爱心，共创美好的未来。

为了更深入地研究浑南二校校训的特点，我用了整整一个上午的时间，在网上“百度”了一番，随机查找到了全国 30 多个城市和地区的 47 所小学的校训，这些学校，来自祖国的东南西北、四面八方，有直辖市，有省会城市，有中等城市，有小城市，还有农村乡镇，其间不乏赫赫有名者，大多则是默默无闻的普通学校。现摘录如下：

北京师范大学第一附属小学：求真感恩，知耻励行。

北京市西城区西四北四条小学：知耻自励，存诚不欺。

北京第二实验小学：以爱育爱，以学论教，以参与求体验，以创新

求发展。

北京市天通苑中山实验小学：让读书成为习惯，让书香溢满校园。

北京市光明小学：我能行。相信自己行，才会我能行；别人说我行，努力才能行；你在这点行，我在那点行；今天若不行，争取明天行；能正视不行，也是我能行；不但自己行，帮助别人行；相互支持行，合作大家行；争取全面行，创造才最行。

上海浦东新区塘桥第一小学：一笔一画练好字，一生一世做真人。

上海市徐家汇向阳小学：求趣。

上海市宝山区同泰路小学：勤，俭，智，恒。

重庆市天台岗小学：言行儒雅，博学善思。

东北师范大学附属小学：诚实做人，踏实做事。

华南师范大学附属小学：博学于文，约之以礼。

苏州叶圣陶实验小学：善教善导，主动发展。

广东省汕头市锦泰小学：好学，尚礼，合作，创新。

汕头市升平区溪东小学：文明，健美，勤奋，进取。

东莞市东城区东城小学：报效祖国，服务人类。

东莞市朝天实验小学：明德归仁。

扬州市梅岭小学：爱国，修身，齐家，治学。

宜兴市张渚小学：行文并进。

宜兴市城北小学：坚净（一拳之石取其坚，一勺之水取其净）。

陇西县城关第一小学：健康，快乐，团结，进取。

溧阳市上黄小学：忠诚俭朴。

杭州市萧山高桥小学：爱众亲仁，乐学笃行。

九江市浔阳区龙山小学：永远微笑。

常熟市实验小学：崇德尚文，厚积薄发。

常熟市花溪小学：真（坚信真理，言真行直），勤（勤学勤练，勤劳勤勉），活（动脑动手，活学活用），新（求实创新，学做新人）。

连云港市院前小学：厚德，笃学，励志，树人。

吉林市船营区实验小学：以德威人，以理服人，以情动人，以廉示人，以博深的学识影响人，以精湛的业务信服人，以欣赏的眼光看待人，以激励的语言鼓励人。

海门市通源小学：真爱真知，笃信笃行，溯本溯源，通识通才。

成都市龙泉驿区洛带小学：勤奋好学，诚信为人。

成都航天小学：以书籍为友，与诚信相伴。

湖北省黄石市武汉路小学：健康，聪慧，高尚，快乐。

遵化市实验小学：尚礼，博爱，坚毅，创新。

江都市丁沟中心小学：有理想，有责任感，平等合作，奋发进取。

隆安县乔镇建镇中心校：崇德兼善，奋发图强。

阜新市铁路小学：勤奋好学，守纪团结，文明健美，尊师爱生。

张家口市桥东区五一路小学：勤奋，严谨，求实，创新。

新疆伊宁市第十五小学：勤学多思，团结创新。

绍兴市鲁迅小学：独立，独特，独创。

肥城市王庄镇北尚小学：用爱心连接你我他。

山东省章丘朱家峪村山阴小学：忠勇为爱国之本，孝敬为齐家之本，礼仪为出世之本，仁义为道德之本，民众为国家之本，教育为兴国之本，创业为发展之本，整洁为强身之本，学优为栋梁之本，策略为目的之本，无知为败事之本，有恒为成功之本。

山东文登文峰小学：养浩然之气。

吉安市师范小学：我努力，我成功。

南京市鼓楼区赤壁路小学：做最好的自己。

仙桃市实验小学：我们用心去做。

张家港实验小学：端、勤、毅。

长沙市天新区青园小学：做一个有修养的人。

四川省都江堰浦阳中心小学：让我们的孩子知道什么是幸福，并懂得如何追求幸福。

在网上搜索各地学校校训的同时，我还利用工作之便，在寒假之前，向全市 13 个区、县（市）900 多所中小学下发了“沈阳市中小学学校文化建设基本情况调查表”（附后），就办学理念、办学目标、校训、校歌、校旗等进行了调查，收回问卷 514 份。关于校训一项，在 514 所学校中，有 509 所学校有校训，5 所学校没有校训。其中，在 600 多所小学和九年一贯制学校中，回收问卷 317 份，在回收的问卷中，仅有1 所小学没有校训。需要说明的是，除了新建的农村九年一贯制学校外，这些学校大多有几十年的历史，有的甚至是百年老校，但相当一些学校校训确定的时间却是最近几年。在此摘录沈阳各区县部分小学（含设有小学部的学校及农村九年一贯制学校）校训：

东北育才学校：为中华之崛起而读书。

和平区和平大街第一小学：爱国，诚信，勤奋，健体。

和平区河北街第二小学：养成奠基品格，创造开启智慧。

和平区南京街第一小学：诚实做人，踏实做事。

和平区四经街第一小学：日事日毕，日有所进，日后有为。

和平区望湖路小学：刻苦求学，创新探索，面向世界，报效祖国。

沈阳市岸英小学：学而不厌，诲人不倦。

沈河区二经街第二小学：勤学，创新，文明，合作。

沈河区中山路小学：诚，洁。

沈河区文萃路小学：荟萃真知，磨练真能，学做真人，陶冶真心。

沈河区文艺路第二小学：责任。

皇姑区步云山路小学：自尊，自强，勤奋，向上。

皇姑区昆山西路第二小学：质朴，求实，勤勉，守信。

皇姑区宁山路小学：严谨治学，博学生动，平等互助，和谐发展。

皇姑区珠江街第三小学：崇德，敏思，健康，快乐。

皇姑区新北小学：文明，勤奋，健美，创新。

铁西区齐贤街第一小学：博学，笃志，切问，近思。

铁西区齐贤街第二小学：书香儒雅兼容并蓄，启智创新和而不同。

铁西区保工街第二小学：尚德，重义，善学，负责。

铁西区太阳小学：勤思自律，活泼创新。

铁西区勋望小学：亲近绿色，共享快乐。

大东区白塔小学：厚德，守责，创新，求优。

大东区东新小学：正直，谦逊，勇敢，坚韧。

大东区北海小学：睿智，修身，博学，自主，诚挚。

大东区木匠小学：礼，立，理，励。

大东区杏坛小学：博学，慎思，明辨，笃行。

于洪区国奥小学：博，搏。

于洪区三十家中心校：为人要正，做事要公，治学要精。

于洪区朝鲜族吴家荒小学：勤奋，思想，励志，奉献。

于洪区郑家小学：乐思，睿思，善思，思之本源，勤学，好学，博学，学无止境。

东陵区泉园第二小学：规范有序，健康向上。

东陵区浑河站小学：做人求真，做事求勤，思维创新，目标求高。

东陵区南塔街小学：我健康，我快乐，我成长。

东陵区祝家九年一贯制学校：崇德，求真，向善，尚美。

沈北新区财落中心小学：文明守纪，勤思乐学。

沈北新区尹家乡中心小学：立德立志，成人成才。

沈北新区石佛寺朝鲜族锡伯族乡小学：重德，勤学，明理，思进。

沈北新区朝鲜族学校：诚实进取，勤学敬业。

苏家屯区牡丹街小学：勤学严教，尊师爱生。

苏家屯区文化路小学：阳光伙伴，快乐同行。

苏家屯区永乐乡九年一贯制学校：永不言败，敢为人先，乐教勤学，开拓创新。

苏家屯区十里河九年一贯制学校：厚德。

辽中县辽中镇第二小学：和谐，诚信，善思，创新。

辽中县肖寨门镇九年一贯制学校：求知，立志，养德。

辽中县大黑岗子九年一贯制学校：厚德博学，日新月异。

辽中县于家房九年一贯制学校：求严，务实，勤奋，进取。

新民市第九小学：理想美好，学习勤奋，言行文明，体魄健美。

新民市兴隆堡九年一贯制学校：勤学，健体，明理，守信。

新民市前当堡九年一贯制学校：求高，树德，思远。

新民市罗家房曹家九年一贯制学校：团结，进取，立志，成才。

康平县方家中心小学：勤，严，细，实。

康平县含光小学：诚实做人，踏实做事，全面发展。

康平县康平镇九年一贯制学校：莘莘学子刻苦攻读，辛勤园丁爱岗敬业。

康平县西关乡逸夫九年一贯制学校：务本求实，争优创新。

法库县法库镇中心校：厚德启智，益能健体。

法库县柏家沟九年一贯制学校：文明，勤奋，求实，创新。

法库县冯贝堡中心校：诚实做人，追求自立。

法库县大孤家子镇中心小学：勤学，苦练。

遴选校训的过程中，我努力地规避那些单调的词汇和句式，但是在 300 多条小学校训中，能够凸显学校办学特色并具有独创性的校训实在是少之又少。东北育才学校旗下的东关模范小学是周恩来总理少年读书的地方，学校把总理当年铿锵有力的誓言“为中华之崛起而读书”作为校训，彰显了学校的历史，育才学子在校训精神的感召下，发奋读书，屡屡在国际比赛中为祖国摘取桂冠，可谓有名有实。新建于2005年11月，由原5所小学和乡初中共同组建的苏家屯区永乐九年一贯制学校“永不言败，敢为人先；乐教勤学，开拓创新”的校训将学校所在地名称同时也是学校名称中“永”和“乐”两个字拆分开来，智慧地运用到校训当中，字面上渗透出浓浓的乡情，妙不可言，在内容上则充分体现了广大师生在实现农村九年一贯制这一新的办学模式后，面对崭新的学校，以实际行动开创学校美好未来的勇气和决心。

偶然间也会眼前一亮，定睛再看，却和我在网上收集到的外地某校校训完全一致，没有时间去考证是否“正宗”，只能忍痛割爱。缺乏特色，大概是沈阳市中小学校训的通病吧。首先是用词重复，形式单一。某地区一所小学和一所高中的校训不谋而合；300多条小学校训中，“四词八字”式校训193条，占60.88%，在“四词八字”式校训中，使用“团结”“勤奋”“严谨”“求实”“务实”“进取”“向上”“创新”“求新”“和谐”“文明”词汇中两个以上的共96条，占30%；使用到其中两个的36条；三个的36条；四个的24条，在这24条中，以“团结勤奋”开头的就有8条，后面紧跟着的不是“务实创新”就是“求实进取”，以“文明勤奋求实”开头的有2条，后面分别跟着“创新”和“进取”，全部使用“团结勤奋求实向上”的有3条，全部使用“团结文明求实奋进”而且顺序都完全一致的有3条。数百条校训，用词略有重复，在所难免，但比例如此之高，甚至表述完全一致，似有不妥。其次是内容上把校训混同于校规校纪，缺乏对学校文化内涵和传统的挖掘，未能体现出学校自身的精神特质，略显平淡肤浅。三是大多数校训似乎只是用于训导学生，与校长、教师和员工没有关系。一些校训在字面上虽然看不出针对学生还是教师，但在对校训含义的阐释中则非常明确地标明仅仅是对学生进行劝导。四是与学校的办学理念、办学目标之间的关联性较低，多数情况是，学校的校训与其办学理念和办学目标似乎看不出什么内在的联系。五是作为学校文

化中核心价值观的体现，统领其他可以承载和彰显学校精神的重要元素如校歌、校旗的特征不够明显。由于缺少统筹策划，办学理念、办学目标、校训、校歌、校旗等不是浑然一体，而是单摆浮搁，在一定程

度上限制了校训独有的影响力和感召力的发挥。

与我所能收集到的全国各地以及沈阳本地区小学校训相比较，浑南二校的校训呈现如下特点：

第一个特点：表述简洁。

仅有一个字，应该说是简洁得不能再简洁了。在我所能收集到的校训中，除了于 1928 年 11 月由张学良先生创建的沈阳市同泽高级中学的校训“诚”以外，一个字的校训便只有浑南二校的“爱”了。

简洁的最大好处是便于记忆。浑南二校的每个学生、每位老师、每位家长，甚至每一个来访的客人，都能记住“爱”的校训。而且我想，会牢记终生。

校训是学校为了树立优良校风而制定的要求师生共同遵守的准则。既然需要共同遵守，前提是每个成员必须知晓。不知道，何谈遵守。在统计汇总沈阳市中小学学校文化建设基本情况调查表的过程中，绝大多数的学校在调查表“教师和学生是否很熟悉校训”一栏中都填写了“很熟悉”、“非常熟悉”、“是”的字样，只有极个别学校在这一栏中填写的是“一般”。实际情况到底是怎样的呢？3 月 1 日新学期开学后，我请我的同事代劳，从上面提到的学校中随机抽取了 20 所学校，通过给校长打电话的方式，了解校长对自己学校校训的掌握情况，调查的结果是：能够不假思索地立刻回答出来，并且和学校填写的调查表中的表述完全一致的有 6 位校长；能够回答出其中一部分内容的校长是 4 位；对自己学校的校训竟然一无所知什么也说不出来的有 6 位；能够回答但是所言内容和学校在调查表中的表述不一致的是 4 位。是校长反应迅速，急中生智，还是工作人员不负责任随意填写，我不好去妄加猜测，但无论是哪一种情况，恐怕都足以说明，在那个学校里，校训只不过是一个摆设而已。

相对于我们随机抽查的学校，浑南二校的校训之所以能被师生牢记，客观地说，显然首先是沾了简洁的光。

简洁是智慧的真谛。

第二个特点：语义浅显。

语义浅显便容易理解。在商务印书馆出版的第五版《现代汉语词典》中，对“爱”的解释是：对人或事物有很深的感情；喜欢；爱惜，爱护；常常发生某种行为。词典中列举的基本词组主要有：爱不释手、爱戴、爱抚、爱岗、爱国、爱国主义、爱好、爱护、爱怜、爱面子、爱莫能助、爱慕、爱情、爱人、爱屋及乌、爱惜、爱心等。在浑南二校，我特意翻看了孩子们的语文教科书，“爱”这个字作为生字出现在第一册第三篇课文《学校是乐园》中，课文中写道：“我爱我的学校，学校里有老师，有同学，大家一起学习，亲亲热热。我爱我的学校，学校里有教室，有操场，大家一起做游戏，快快乐乐。”接受了学前教育的孩子，大多在上学之前就已经认得这个字了。

爱，这个不折不扣的常见字，出现在日常生活中的频率也极高。登录互联网，打开电视、收音机、MP3甚至手机，翻开报纸、杂志和书籍，会友、吃饭、闲谈，我敢说，在每个人的生活中，每天都能看到、听到或说到这个字，躲都躲不过，不信你试试。

第三个特点：体验在先。

在把“爱”确定为校训之前，对于“爱”，浑南二校的每一位学生、每一位家长、每一位老师，就都已经有了亲身的体验。且不说那风华正茂的教师群体，也不说那些含辛茹苦养儿育女的平民家长，更不必说年近花甲饱经岁月风霜、历尽人间冷暖的老校长，单说那一个个调皮天真的小孩子，哪一个不是沐浴着爱的阳光一天天长大？没有哪一个人会说他从来就没有被爱过，也没有哪一个人会说他从来就没有去爱过别人、爱过人世间美好的事物。

陶行知先生说："'行是知之始，知是行之成'。我们先从小孩子说起，他起初必定是烫了手才知道火是热的，冰了手才知道雪是冷的，吃过糖才知道糖是甜的，碰过石头才知道石头是硬的。"（方明编. 陶行知教育名篇. 北京：教育科学出版社，2005. 109）是的，他必定是被爱过，才懂得了什么是爱，他懂得了什么是爱，才会努力去爱。

人人都曾感受到，人人也都曾做到，人人定会做得更好。知行合一，可谓教育乃至人生的佳境。

在学校教育中，没有什么比让孩子们获得一份感动更有力量，更没有什么比丰富他们的生活体验更为可贵。因为生命的意义，就是对生活本身的体验。你的生活，不是别的，不是你所拥有的一切，而是你所经历的一切，是你在经历过的一切中，留在内心深处的感受。因此，学校决不仅仅是学生获得知识的场所，而应该成为孩子们体验生活、丰富经历、享受生命的天堂！

第四个特点：内涵丰富。

"爱"的校训，虽然表述简单，语义浅显，但浑南二校人赋予其中的内涵却极为丰富。在浑南二校人的心中，爱是人类最美好的情感，爱是学校教育的基石，爱是家庭教育的沃土，爱是孩子成长的营养，爱更是浑南二校的精神力量。学校对校训的解读，明确地指出，不仅老师和学生要遵从校训，而且家长也要努力走出“爱的误区”。哪个做家长的都不能说他不爱自己的孩子吧，既然你爱，就请遵循正确的方式。以一个实实在在的“爱”字，无形之中，轻轻松松，征服了家长的心，把家长一个个拉进了教育的队伍。以校训的方式对家长进行家庭教育的提示，拓展了学校教育的空间，放大了学校教育的功能，也算是一种创新吧。

第五个特点：形成品牌。

“爱”的校训，是浑南二校对其“关注每个孩子的成长、引领每个孩子的成功、分享每个孩子的快乐”这一办学理念以及“努力把学校打造成崇尚创意的校园、学生成长的乐园、教师发展的家园、社区共享的学园”办学目标的高度凝练。因此，学校在向教师、学生和家长推出校训时特别举行了一个庄重的仪式，详细地解读，使“爱”这个平凡的字眼儿，在每个人的心中平添了几分神圣，提高了师生、家长对校训的认同感。

认同仅仅是一个前提，校训要在学校文化建设中发挥作用，必须有行动的支撑。学校围绕“爱”的校训，开展了一系列的学校文化建设活动，人人参与，逐渐形成了“爱”的学校文化品牌。

第六个特点：稳定性强。

浑南二校选取了一个生活中最常见、最好理解的字，一种最基本的人类行为作为校训，不受时代、地域、政治、经济和社会环境等因素的影响和制约，具有较高的稳定性，随之带来可以永久流传的可能性。同样是百年历史，一些知名大学的校训得以世代相传，而中小学的校训为什么却很少有保留下来的？没有必要期待“爱”的校训能够扬名天下，但求她永远伴随二校的成长。

爱是一种情感，需要用心去体会；爱是一种能力，需要用心去获得；爱是一种行为，需要用心去实践；爱是一种信仰，需要用心去追求。我无意夸大校训在学校办学中的作用。校训的力量不仅在于训，更重要的是精神的感召。在浑南二校，我的确能感受到，“爱”的校训营造出的温暖气息和她所支撑着的精神力量。

作为一名教育专家，从校长十分重视学校办学理念、办学目标和校训的确立。在浑南二校，“爱”的校训究竟是怎样产生的？在确定校训之前，结合浑南地区孩子的特点，结合浑南地区的实际，从校长首先确立了一个原则，就是一定要朴实，不要高深，要贴近师生和家长，谁都能懂，谁都能做到。

“爱”的校训是在正式开学半年之后产生的。从校长说，没有爱，我们的学校长不大，这是一种感觉，一种老师、家长、学生共同的感觉。建校之初，从校长经常把自己熟悉的一些专家、学者和朋友邀请到学校，和班子成员、老师们一起交谈，那种交谈是无拘无束的，是自由曼妙的，有时是和风细雨，有时又是激情四射，心与心的碰撞，不时擦出智慧的火花，有心人便在这火花中获得灵感。

那些日子里，大家谈得最多的，挂在嘴边的，总是学校得到的种种关爱。丛校长说，建校初期，学校面临重重困难，几乎每天，学校都会遇到这样那样棘手的问题，真是步履维艰，人生地不熟，身边一个人都不认识，校园外垃圾成堆，都不知道找谁才能清运走，每当感到孤立无援时，总是有上级领导、朋友伸出援手。每一次临危解难、每一次真情相助，哪怕是一次探望、一个目光、一句鼓励的话，在丛校长眼里，都是巨大的关爱。在二校人的心里，更为珍重的是家长的参与，丛校长说家长对学校特别支持，学校有活动，只要一号召，家长都积极参加。家长们在体力上的付出也让二校人念念不忘。最让人感动的是家长的宽容，他们对学校不挑剔。最初的时候，新教师上课不过关，家长不告也不找，更没有一个提出换老师的，怀揣着一颗本分而善良的心静静地守候着。这份宽容，来自对教育专家领衔的团队的极大信任，而这份信任，在此后的日子里，则转化为教师成长的动力。年轻的老师，没有让任何人失望。

“没有爱，浑南二校长不大。一路走来，我们感悟到的就是这份爱。”

对于二校人来说，“爱”的校训，不是他们在字典里找到的一个词，而是在创业中感悟到的一份情！

这份情，延续在每个人的心里，相互温暖，彼此感动，如此深邃，如此烂漫。

沈阳市中小学学校文化建设基本情况调查表

__________区、县（市）

<table>
<tr><td colspan="13">学校名称(全称):</td></tr>
<tr><td colspan="2">学校类别(画√)</td><td>小学</td><td></td><td>初中</td><td></td><td>高中</td><td></td><td>完中</td><td></td><td>农村九年一贯</td><td></td><td>特教学校</td></tr>
<tr><td colspan="13">学校建校时间：　　　　年　　月</td></tr>
<tr><td>办学理念</td><td colspan="12">学校是否有非常明确的办学理念？（有，填写具体内容；没有，不填）</td></tr>
<tr><td>办学目标</td><td colspan="12"></td></tr>
<tr><td rowspan="4">校训</td><td colspan="12">内容表述：</td></tr>
<tr><td colspan="12">内涵解释：</td></tr>
<tr><td colspan="12">校训确定时间：</td></tr>
<tr><td colspan="12">教师和学生是否很熟悉学校的校训：</td></tr>
<tr><td rowspan="3">校歌</td><td colspan="12">校歌名称：</td></tr>
<tr><td colspan="12">校歌确定时间：</td></tr>
<tr><td colspan="12">本学期哪些活动或仪式上学生演唱了校歌？
①
②
③
④</td></tr>
<tr><td rowspan="3">校旗</td><td colspan="8">校旗设计表述：</td><td colspan="4">〈在此处粘贴校旗图案〉</td></tr>
<tr><td colspan="12">校旗确定时间：</td></tr>
<tr><td colspan="12">本学期哪些活动或仪式上使用了校旗？
①
②
③
④</td></tr>
</table>

学校填表人姓名：　　职务：　　联系电话：

六、爱在365

1. 爱的宣言

如果说浑南二校这所普通的小学究竟有什么东西抓住了我的心，并且始终被她牵扯着，放不下，以至于下决心要为她写点儿什么，那便是这份爱的宣言。

爱是永恒的旗帜

爱是永恒的信念

爱是永恒的追求

爱是永恒的誓言

做懂得爱的人
做会去爱的人
做奉献爱的人
做传播爱的人
每一行，每一言
从恒久到瞬间
每一年，每一天
从现在到永远

一次又一次，在操场上，在报告厅，听数百名师生齐诵爱的宣言，唯一的感觉只能用唯一的一个词来形容，那就是“震撼”。浑南二校教学楼一楼的正厅，有一面爱的教育主题墙，整个画面的中心是校训“爱”，旁边便是这份爱的宣言。每当目光落在上面，我都不禁会问自己，我懂得爱吗？我学会爱了吗？如果您坚持看到了这一页，我现在真的很想问您，您的目光在这里停留了多久？我也想请求您，读一遍，再读一遍……

2007 年 3 月 26 日，学校举行“爱”的教育启动仪式，正式宣布“爱”的校训。在启动仪式上，全体师生高声诵读这份“爱的宣言”，宣言中的每一字、每一句深深地刻在了每一位教师和孩子的心中，更感动了每一个在场的人。从那一天起，爱，成为浑南二校人的行动指南。

那天的活动，我没有能够参加是莫大的遗憾。第一次看到爱的宣言，已经时隔近半年。但自从看到，便不曾忘记。我想知道，爱的宣言对于浑南二校的意义，对于每个学生的意义，爱的宣言留在每个人心中的是什么？留给每个孩子的又是什么？

2. 爱之歌

《大爱无疆》，浑南二校校歌，冯述词，李延忠曲。这首降 B 调，4/4 拍，要求用真挚的感情演唱的校歌深受孩子们的喜爱。校歌分两段：

在爱的土地上我们成长
在爱的天空中我们飞翔
在爱的阳光下我们天天向上
在爱的花丛里我们纵情歌唱
啊，浑南二校
爱河流淌爱旗高扬
啊，浑南二校
大爱永恒大爱无疆

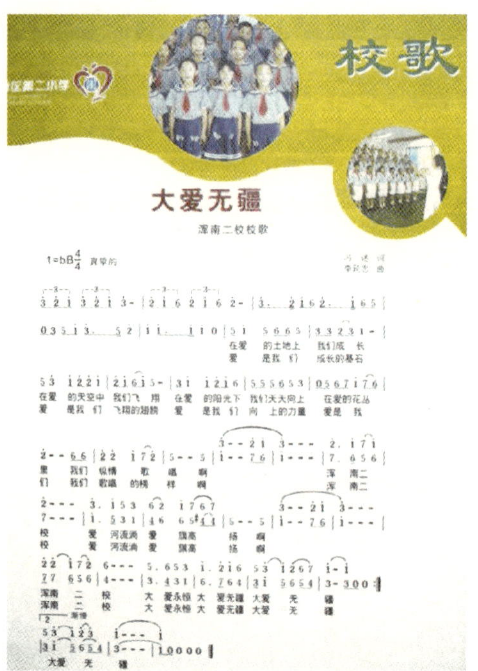

爱是我们成长的基石
爱是我们飞翔的翅膀
爱是我们向上的力量
爱是我们歌唱的榜样
啊，浑南二校
爱河流淌爱旗高扬
啊，浑南二校
大爱永恒大爱无疆

手指敲击着键盘，脑海里流淌着的是这支歌的旋律，《大爱无疆》，对于我来说，已经不再陌生。我参加过几次学校的大型活动，都听到孩子们合唱校歌。每周一的升旗仪式上，也要唱校歌，是孩子们亲口告诉我的。还记得前面提到的四个小天使吗？她们说起校歌时的表情和神态我至今难以忘怀，她们脸上洋溢着的骄傲和自豪，好像说的不是校歌，而是在向我炫耀她们最心爱的玩具。

音乐对童心的教化比语言更有力。我曾看过几部这类题材的电影，1965 年荣获第 38 届奥斯卡金像奖最佳影片的《音乐之声》，属于上个世纪的老电影了，近几年的新片也不乏佳作。2004 年出品，由兼具演技实力和票房号召力的大牌明星崔泯植主演的韩国影片《春天的音乐》，温情脉脉地讲述了一个发生在冬天里的故事：郁郁不得志的小号乐手李贤宇应聘来到偏远采煤小镇上的东吉中学担任学生管乐团指挥，这个乐团如果再不能获奖就会被学校勒令解散，孩子们似乎也已失去信心，当他了解到乐团里的孩子们是因为对音乐充满了渴望和梦想才走到一起的，他决心帮助孩子们实现梦想，因为他坚信每个孩子都应该拥有梦想。为了让庸硕回到乐团，他亲自到煤矿去找庸硕的父亲，他打破自己不靠音乐赚钱的戒律到夜总会演奏，为的是替与载日相依为命的奶奶支付住院费，他在孩子们心中重新燃起梦想，而这梦想更温暖了他自己的心，在音乐的引领下，他们终于迎来了开满鲜花的春天。2006 年出品的美国影片《The Ron Clark Story》，即《热血教师》，生动地再现了《教育的 55 个细节》的作者，美国优秀教师罗恩·克拉克在纽约执教的经历，影片中克拉克将美国历史编成歌曲辅助教学大获全胜。

可以被视为我心中的那杯茶的，则是《LES CHORISTES》，因为它让人泪流满面。当真诚和感动变得越来越奢侈的时候，能看到这样一部片子，不能不说是一件幸事。这部影片我先后看过两遍，同时它也是在我看过的所有影碟中唯一一部把花絮也都完整欣赏的电影。这部被译为《放牛班的春天》的法国影片出品于2004年，是法国著名音乐人克里斯托弗·巴哈提亚一鸣惊人的导演处女作，讲述的是1949年发生在法国一所男子寄宿学校的故事。学校名叫石池，意为石沉池底，校方唯一的教育原则是“有错必纠、犯事必罚”，不断对一群无可救药的孩子们施以体罚，残暴的高压管制使孩子们变得越来越顽劣和桀骜不驯。有一天晚上，新来的班主任马修老师，一个失意的音乐人，发现孩子们在就寝前自编自唱矛头直接指向他的歌：“光头佬，你死定，校规不是由你定……”那歌声唱得很差，甚至走了音，但仍让马修老师念念不忘，孩子们毕竟在唱，发誓永不再碰音乐的他，开始考虑用音乐来帮助这些孩子，代替惩罚。他把全班学生组织在一起，成立了一个合唱团，亲手为孩子们创作合唱曲，“童年的欢乐一去不留痕，一线永远燃亮的金光，从道路的尽头，从彷徨的深渊，感到希望的涌现，生命的炽热，光辉的前路……”，“海鸥掠过水面，轻轻落在礁石上，冬日微风飘送，寒意渐消，远处高山上，迎风展翅，朝着晨曦，寻找通往彩虹之路，春天从海上静穆地向你展露……”，“黑夜啊，为大地带来你那神秘迷人的恬静，你的影子，多么动人，你发出乐韵，唱出希望，你把一切，带入梦境，世上有什么事物，比梦境更旖旎，世上有什么真理，比希望更甜美……”片中的合唱曲在网上都可以找到，孩子们纯洁的歌声，犹如天籁之音。马修用音乐这把钥匙轻轻地、慢慢地打开了孩子们封闭的心灵，并发现这里原来是一个个充满了灵性、天赋和潜能的巨大宝藏。影片的最后，马修因为趁校长不在带领孩子们离开学校游玩而被革职，勒令当天离开，而且不准向学生告别，当他一个人孤零零地走出校园的时候，发现脚下散落着很多纸飞机，而且还不断有纸飞机从楼上的窗口飞出，孩子们伸出小手向他告别，孤儿皮比诺追了上来，请求把自己带上……

这些影片大多为真实故事改编，无一例外地展示了音乐在教育中的魅力。或许流动的音乐正是童心的节奏。跳动的音符，和着心灵的节拍，一点一滴，随风潜入，润物无声。那是教育的另一种境界。

没有一个国家的中小学课程中不包含音乐教育。我们的课程标准里也对此做了详细的说明。

音乐是人类最古老、最具普遍性和感染力的艺术形式之一，是人类通过特定的音响结构实现思想和感情表现与交流的必不可少的重要形式，是人类精神生活的有机组成部分；作为人类文化的一种重要形式和载体，蕴涵着丰富的文化和历史内涵，以其独特的艺术魅力伴随人类历史的发展，满足人们的精神文化需求。对音乐的感悟、表现和创造，是人类基本素质和能力的一种反映。

音乐教育以审美为核心，主要作用于人的情感世界。音乐课的基本价值在于通过以聆听音乐、表现音乐和音乐创造活动为主的审美活动，使学生充分体验蕴涵于音乐音响形式中的美和丰富的情感，为音乐所表达的真善美理想境界所吸引所陶醉，与之产生强烈的情感共鸣，使音乐艺术净化心灵、陶冶情操、启迪智慧、情感互补的作用和功能得到有效的发挥，以利于学生养成健康高尚的审美情感和积极乐观的生活态度，为其终身热爱音乐热爱艺术热爱生活打下良好的基础。

音乐在许多情况下是群体性活动。有助于养成学生共同参与的群体意识和相互尊重的合作精神。

遗憾的是，在有的学校里，音乐课变得可有可无，动辄就被砍掉，说停就停，说不上就不上了。柴可夫斯基说过，音乐是上天给予人类的最伟大的礼物。既然是上苍赐予，任何人都没有权力把这份礼物从孩子们身边夺走！

对于学校和学生来说，校歌更是一种特殊的音乐，它的专属性使其成为学校文化建设的重要载体之一。借助于歌曲这一艺术形式去再现校训，让学校精神通过一个个音符直达孩子们的内心，并产生共鸣，这是教育的艺术。丛校长说，来到一所学校参观，如果只有三分钟的时间，怎么看？看什么？看玻璃窗，看厕所，听全校同唱一首歌。如果要全校同唱一首歌，当然非校歌莫属。正式建校开学之初，学校就开始在师生中广泛征集校歌，足见丛校长对校歌的重视程度。丛校长告诉我，孩子们唱校歌时声音最洪亮。著名音乐人崔健认为，如果你想要接受一个音乐的内涵的话，不听三遍以上，你等于没有听，你是不可能听懂的。“爱”的校训，需要体会，需要理解，这或许正是学校规定每周升旗仪式上都要唱校歌的原因吧。

在我进行的问卷调查中，75%的小学和农村九年一贯制学校都有自己的校歌，但是能够做到人人会唱、周周齐唱、人人爱唱，实事求是地说，并不多。

如果形同虚设，有，不如没有。

歌，是语言的花朵。

爱的校歌，是开在孩子们心里的花儿，永不凋谢。

3. 爱之旗

爱之旗是浑南二校的第二面校旗，“爱”的校训确定之后，从校长决定，围绕“爱”的主题设计学校标志，同时重新设计了校旗。开学典礼上丛校长接过的那面校旗已经作为学校发展历史的见证，被收藏在学校的荣誉室里。校旗的图案同时也是校徽的图案，左边是个孩子，右边是个大人，均为红色，相对环抱着一个蓝色的地球，下方整齐地落着“浑南新区第二小学”8个蓝色粗体汉字。从总体上看，就是一颗心的形状，象征着“爱”的校训；右边大人的身体变形为一个阿拉伯数字“2”，取第二小学之意；地球寓意浑南二校的师生立足现实，胸怀大志，探求未知世界，憧憬美好未来。

在颜色的使用上，只用了红和蓝两种颜色，红色象征着爱心，蓝色寓意浑河之水，浑河是沈阳城的母亲河，是母亲河水养育了颗颗爱心，愿爱的心能让母亲河水更加清澈！

这个标志，学校里人人熟悉。除了在校旗上使用，心的形状也被每层教学楼楼梯口处的标志牌采纳，去掉中间的地球，人形变为实体，依旧是一个小孩和一个大人组成一颗心的形状，每颗心的右边，标明本层楼的房间安排情况，左边则用中英文对照方式提示了本层楼走廊文化的主题，一楼“书”，二楼“德”，三楼“家”，四楼“艺”。爱在高高飘扬的旗帜上，爱在每个角落，爱在每个人的心中。

书
Book
1F

德
Morals
2F
家
3F
艺
Art
4F
美术办公室 美术教室 书法教室

4. 爱之树

浑南二校的孩子们是有福气的，他们能做得了校长的主！2006 年 9 月学校开学以后，由于学校的整体建设还没有结束，报告厅在建，体育馆和塑胶操场都还在规划之中，所以学校也没有进行绿化工作。经过了北方漫长的冬季和一场特大暴风雪，孩子们迎来了浑南二校的第一个春天，随着采暖的烟尘散尽，阳光一天比一天明媚，天也一天比一天蓝，空气一天比一天清新，可是，孩子们还是觉得有什么地方不对劲儿，“我们的学校一棵树都没有！”“学校哪都好，就是没有树！”“我们要种树！”在一次校长和孩子们的座谈会上，孩子们向丛校长发出了抗议！

天真的孩子，哪里知道他们的要求让校长多么为难。学校的基建和绿化都要按照上级的计划来，学校绿化要等到体育馆和操场都建好了之后才能做，当年根本没有安排资金，而且绿化也要招标，都是有规定程序的。可是，孩子们可不管那些，那是你们大人的事情！他们只是要树！学校里就是应该有树！孩子们是对的。对就得办！丛校长硬着头皮去找新区管委会社发局的领导，经过几番周折，终于搞到了175棵树苗。树苗拉来了，但是眼看着种不下去，学校没有钱，雇不起工，孩子们太小，女教师占绝大多数，光靠几个男劳力，猴年马月才能实现孩子们的愿望啊！

学校自然想到了家长。在中小学，一个口信、一个电话调家长的做法太普遍了，家长们早已习惯，以至于校方觉得很自然，运用自如，得心应手。在浑南二校，如果学校发一个通知要求家长在指定的时间来学校种树，也不会有什么阻力，这里大多数的家长都是失地的农民，他们对体力劳动并不陌生。但是，在丛校长看来，事情不应该如此简单，学校不能让家长白出力，不能辜负了家长的善良，要为家长的劳动赋予美好的意义，留下难忘的记忆。于是，以“种一棵小树，许一个心愿”为主题的校树种植仪式诞生了。2007年4月23日，校园里一片繁忙和欢腾的景象，爷爷、奶奶、姥姥、姥爷、爸爸、妈妈、孩子、老师齐上阵，挖坑，培土，浇水，高高兴兴地种下了第一批校树。

对劳动的尊重，对善良爱心的尊重，这样做的本身就是爱。

孩子们欣喜地看着眼前的棵棵小树，郑重宣誓：“我爱小树，不攀折树枝。我爱小草，不践踏草坪。我爱花草，不随意采摘。我爱绿叶，为小树浇水。我爱花草，为小草除害。我爱自然，有环保意识。我爱生活，争做绿的使者。”树有了，孩子们还要给它们起个好听的名字。在“小树爱称人人起”活动中，老师起，自己起，发动家长起，为校树、班树起了很多好听的名字。每个班的班树都有自己的名字：一年一班，向日树；一年二班，智慧树；一年三班，爱学树；二年一班，许愿树；二年二班，爱之魂；三年一班，希望之光；三年二班，快乐师生情；四年一班，成长树；五年一班，涵硕；六年一班，毕业树。除了班树，其他小树还有更好听的名字：英才，绿野仙踪，凝香，心怡，种子的梦，勤勉，小太阳，展望，生命树……最荣耀的当然要算是校树了，一棵普通的柏树，征集到上千个名字，最后，利用柏树的谐音，和校训结合，确定为“百爱”。

小树在孩子们的呵护下茁壮成长，不用说课间和放学后，就是“五一”、“十一”和暑假，孩子们也会想着到学校为小树浇水。他们手提小桶的身影，会让人想起那句爱的宣言，做懂得爱的人，做会去爱的人……爱，在浑南二校，其实就是如此简单。

种下了一棵树，许下了一个心愿。树，不仅种在了校园里，更种在了孩子和家长的心中，教育的爱，在每一个家庭扎下了根。

在仪式上，全校教师和孩子们又一次共同诵读了“爱的宣言”。一棵树，凝聚了多少爱，孩子们对学校的爱，对小树的爱，学校对孩子的爱，学校对家长的爱，家长对孩子的爱，家长对学校的爱……难怪，二校要把校园里的树统称为爱之树了。

5. 爱心之家

第一次为了这本书去见丛校长那天，在走廊里见到丛校长，她没有把我带到校长室，而是直接把我领到了教工之家。她指着墙上青年教师的结婚照，告诉我，这几对新人都是来到浑南二校以后成家的，有的夫妻双方都是二校的职工，又指着旁边相框里的一个大胖小子告诉我，“这是我们二校的第一个小宝宝！”听起来，好像在诉说自己的家事。

这个教工之家，和一间普通教室的大小差不多，除了挂满教师生活照片的那面墙被涂成淡绿色之外，就没有什么刻意装修的痕迹了，从装修的角度，这个家，和“清水房”没有什么两样。但正是这个“清水房”解决了大问题。有的单身教师因父母在外地，便在学校附近临时租房子住，条件都不怎么好，也就能睡个觉。老校长看在眼里，急在心上，老师们下班之后总得有个看看电视、看看书的地方啊，于是，在学校还没有一间专用教室的情况下，首先安排了这个教工之家。教工之家的所有家当，大到沙发、茶几、电视、电视柜、DVD 机、书桌、书架、休闲椅、微波炉，小到靠垫儿、电熨斗、熨衣板、体重秤、挂衣架都是老师们自己挑选的，房间的布置，也是老师们自己设计的。下班之后，可以在这里用微波炉弄口热饭吃，看电视、上网、看书。这里的书，大多都是娱乐、休闲、服装和美容方面的，我随手拿起一本关于化妆的小册子翻了翻，我是坚决支持女老师化淡妆的。

细心的人会发现，这个简朴的家里，熨衣服的设备居然有两套。

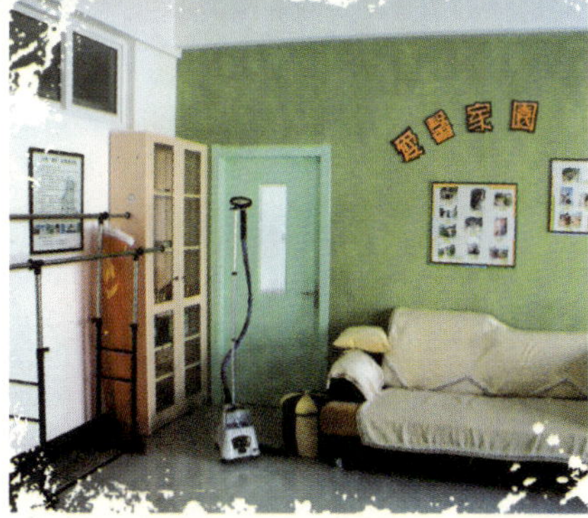

丛校长说："旧式熨斗，年轻人用不好，花了1000多，又买了新式的蒸汽熨斗。"淡淡的语气中，没有一丝的责怪，有的只是慈母般的爱。

6. 爱的导师

在"爱"的教育活动中，浑南二校还专门为学生们聘请了"爱的导师"，在爱的导师中，有全国劳动模范，有奥运冠军，有英语教学专家，爱的导师为孩子们留下了亲切的寄语和由衷的祝福，并向孩子们赠送了爱的礼物，"爱心钥匙"、"智慧钥匙"和"心灵钥匙"，希望这三把钥匙能伴随孩子们的成长与进步，帮助孩子们开启通向未来的一扇扇大门。成长的路上，的确需要导师的指引，在我看来，真正的最重要的爱的导师，或许不是那些名人，而是默默无闻、每天和孩子们生活在一起的每一位老师。让我们走近这些爱的导师：

在这菁菁校园里，我们面对的是一群活泼好动、四肢健全的孩子，他们的父母大多是城郊刚刚不用耕作，迁入新居的农民，虽然不再过着脸朝黄土背朝天的日子，但处在这个知识爆炸的时代，以他们的知识水平只能做一些简单的体力劳动，赚取微薄的收入，于是他们便把炽热的希望寄托于下一代，希望下一代能依托知识改变命运。承载着殷切希望的孩子们，在家中受到的教育很有限，许多常识性的知识都不具备。通过和他们一学期以来的接触，我感到我们肩上的担子更加沉重，在今后的工作中，我会针对学生们的实际情况，更加细化工作目标，做好班级卫生委员的培训，以点带面，开展丰富多彩的宣传活动，让生活中的知识像绵绵春雨般洒进孩子们求知的心田，用我们身上那种对知识孜孜渴求的精神感染他们，让他们以健康的生活方式、乐观向上的心态去开启知识的宝库，让知识改变他们的命运！

——卫生老师刘竞

转眼间，我们离开《爱的教育》所记载的那个年代已经很久了，但是“爱”这种教育的方式却永远不应该远离我们，就像我们现在生活在浑南二校这个大家庭中，每天都有着不同的感动，而这些感动正是来源于“爱”这个字，而这个爱字已经成为我们的校训，所以我们应该把这爱传递下去。要全身心地去爱我们的每一个学生，关心他们的成长,为他们的每一点进步而欣慰，用爱的泉水去滋润孩子们幼小的心灵，让孩子们沐浴在爱的阳光中，自由、健康地成长！爱可以创造奇迹。不管是什么样的孩子，爱都是最好的教育。让我们以爱为原动力，用爱心去铺设一条通往学生心灵的路吧！

——总务处徐丹老师

转眼间，我踏上教育这片沃土已九个年头了。蓦然回首，看看自己这几年所走过的路，有悲、有苦、有乐、更有甜。

每当看到学生看我的崇拜的眼神时，每当听到学生一声声发自内心的问候时，我的心里就有一种说不出的喜悦。每每这时，我都会在心中给“教师”这两个字加上一个重重的砝码。“教师无小节，处处为楷模。”教师的一言一行、一举一动都会对孩子产生深远的影响。作为班主任的我，深感肩上责任的重大。因此，在工作中，我严于律己、言行一致，以“两个凡是”为原则，即凡是要求学生做到的，我必须做到；凡是要求学生不做的，我一定不做。努力为孩子们树立一个好榜样，做孩子们心目中最完美的偶像，从而使他们潜移默化地受到教育。

——班主任张侠

7. 爱的承诺

爱是教育的真谛，爱是教育的灵魂，没有爱，就没有教育。从组建团队的第一天起，在这片爱的热土上，浑南二校的老师们就用自己的脚步紧紧追寻着一个“爱”字，用自己的心血默默浇灌着一个“爱”字，用自己的生命执著地创造着一个“爱”字。在每一天、每一刻，用每一言、每一行践行着一个“爱”字：

> 孩子托付给我，您会感到放心。学生跟我相处，他会感到快乐。
> 同事与我合作，他会感到舒心。家长和我沟通，他会感到满意。
> 学习和创新，是我发展的需要。让学生成功，是我执著的追求。
> 我的人格是学生的一面旗帜。我的教学是学生的优秀食粮。
> 我的特色是学校的一个亮点。我的存在是学校的一份财富。

这是浑南二校的老师们对学生的承诺、对家长的承诺、对同事的承诺、对团队的承诺，也是对社会的承诺，更是对自己的承诺。在这些承诺中，我更看重年轻教师们对自己的那份承诺，因为如果没有了对自己的承诺，其他的或许都谈不上了。

8. 爱的天使

结合爱的教育，浑南二校还开展了人人争当“爱心天使”、班班争创文明班活动。二校最初的招生，不是从起始年级开始，而是6个年级同步招生，这样，刚开学时全校所有的学生谁也不认识谁，每个人彼此之间都是陌生的。小孩子对环境的适应能力都很弱，独立性差，在学校里如果没有小朋友一起玩儿，对于一个孩子来说，恐怕是一个不小的烦恼。孩子换了一个新环境，能不能适应，喜不喜欢，快不快乐，也是家长最惦记的。“爱心天使”活动，让每个孩子懂得，要关心身边的小伙伴，要主动帮助别的小朋友。当来自东南西北、四面八方的孩子迅速地融入集体的时候，每个班级好像一个小家，整个学校就是一个相亲相爱的大家庭。有时候，新来的小姑娘会哭鼻子，老师就会耐心地告诉她，在我们的学校，每一个孩子当初都是从不同的地方不同的学校转来的，大家都刚来不久，每个人都有和你类似的经历，都会懂得你的感受，每个人都会愿意帮助你。这个学期，一个从山东转来刚刚几天就消除了陌生感的孩子高兴地对爸爸说：“我喜欢这里！这是一个爱心学校！”

建校初期，学校仅有 10 个教学班，300 多名学生，短短一年半之后，学生人数已经增加到 490 多名，教学班也扩大到 15 个。现在，每个孩子都是一个爱的小天使。

9. 爱之墙

把你们的爱留在这里
作为我们的珍藏
把我们的爱带到远方
作为你们的信仰
从此我们就都有了力量
从此我们就都有了永生的难忘

校校有围墙，实为中国特色，没有什么稀罕。但刻上这样的一段文字，一道普通的围墙便陡然增加了几分厚重和庄严，因为它从此被注入了情感，被赋予了生命。

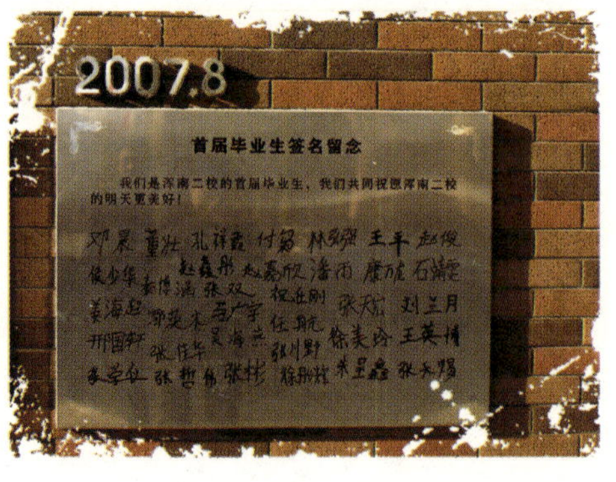

2007 年 7 月 25 日，浑南二校举行“爱心墙”剪彩揭幕仪式，将“爱”的教育活动再次推向了一个高潮。

揭幕仪式正式开始之前，每一位到访的客人都会被一双小手牵着走到一幅洁白的长卷前，用水彩笔写下一个“爱”字，二校称之为“牵手写爱”。在揭幕仪式上，丛校长说：

写“爱”是我们对校训的认同和承诺，这将成为我校的传统。所有的“爱”意连同所有的爱心都将作为你我的精神财富，永久收藏。在我们手牵手、心连心的时刻，请郑重写下你的“爱”，忠心地谢谢你的爱。

现在，在这幅“爱”的长卷上，已经留下了所有学生、家长、教师和来访客人的“爱”，大大小小，颜色不一，笔体各异。今后，还会有更多的新生、家长、老师和客人写下他们的“爱”，你来我往，他们中很多人不曾谋面，但他们的“爱”却在这里牵手相逢。

爱心墙是二校为高举爱旗、弘扬爱心、珍藏爱意而专门设置的一个永久性载体。爱心墙命名为“大爱无疆”，全体教师和首届毕业生怀着感恩的心，郑重地将自己的名字刻印在爱心墙上。爱没有尽头，爱心墙这个尚未完成的作品，将永远站在这里，期待着每名新教师、每届毕业生的签名，日复一日，年复一年，把爱留在这里，把爱带到远方。“人可以离校，也可以苍老，但我们心中的爱将永远在母校珍藏……”

说起爱心墙的来历，丛校长介绍说，工作之余，她经常会和朋友、老师们一起谈论学校的事情，有时也没有什么固定的谈话主题，就是闲聊。有一次，大家说起学校初创时的种种艰辛，感慨不已，都觉得应该把这段创业的经历保留下来，突然有人灵机一动，提出把创业者的

名字全都刻到围墙上，永远铭记，在场的每个人都兴奋不已，甚至欢呼起来。“别光刻创业者的，后来的也要写上，毕业生的名字也要刻上，每年刻一次……”“爱之歌，爱之树，爱之旗，这面墙就是爱之墙！”“这面墙就叫大爱无疆！”“几十年后，爱心就会包围我们的校园……”就这样，你一言我一语，普通的围墙变成了爱心墙。

爱心墙揭幕的同一天，学校还举办了首届毕业生的毕业典礼。可惜我因为有事没有能够参加。从校长不止一次地说起这次毕业典礼，告诉我典礼上家长、孩子、老师都流泪了。这究竟是一个什么样的毕业典礼，能如此感人？怀着好奇心，把录像带回来看。这一看不要紧，纸巾一箩筐，一塌糊涂。我不得不再次承认我是个没有出息的人，但是我只为真实感动。典礼由师生文艺节目表演、新教师汇报展示、毕业班汇报展示几个部分组成。六年一班班主任率领全体毕业生在毕业典礼上表演了集体创作的诗朗诵《爱的远航》。

学生1：在浑南二校，我最大的收获就是爱。在这里，我也感受到了爱，还记得刚来学校的时候，自己总是爱驼背。有一次，从校长走到我的身边，拍拍我的背说：“小伙子，做人一定要挺起胸膛，你就会变得更加自信。”从那以后，我走起路来总是抬头挺胸，人也变得自信了。在这里，我要对丛校长说一声：谢谢您，我会永远记住您的教诲，成为真正的小伙子！

学生2：我是一个特别爱读书的孩子，可是由于爸爸妈妈工作非常忙，很少有时间带我去书店买书。自从来到了浑南二校，我就再也不缺少书的陪伴，学校成立了图书城，而且这些书都是我们的老师、家长、同学们共同挑选的。现在的我每天在知识的海洋里遨游，我感到幸福极了。

齐：读书破万卷，下笔如有神。读书给了我们力量！

学生3：我最难忘的是第一次穿上我们浑南二校的校服，因为它是学校为我们精心设计的，我觉得在我心中它是最美丽的。还记得有一天放学后，碰见了以前学校的一位同学，他问我："这是你们的新校服吗?"我回答说："当然了！"他说："可真漂亮啊！"这时，无比的自豪感涌上了我的心头。

学生4：我最难忘的是我得到的第一次掌声。以前我的学习成绩不大好，自己也感觉很自卑。自从来到浑南二校，我变得开朗了、自信了。还记得上学期期末考试，我的数学成绩考得很好，当老师公布成绩时，同学们用热烈的掌声来鼓励我，我当时高兴极了。这次掌声更激发了我学习的动力。

齐：让我们再一次用掌声来鼓励他吧！

学生5：我最难忘的一刻是那次评选沈阳市优秀学生，当时我们的朝鲜族同学朴元革还在这里，那时我俩是最大的竞争对手。可是在最后的关键性投票时，他把他最宝贵的一票投给了我，投给了他的竞争对手，最后，我当选了。可他那博大的胸襟却深深折服了我。竞选过后，我一直没能对他说声"谢谢"，为此，我一直都感到遗憾。今天，我要向他说声："谢谢！"也向所有的同学们说声："谢谢！"

学生6：上个学期，浑南新区举办了一次中小学生棋类比赛，我很荣幸成为了象棋比赛选手。在比赛过程中我一路过关斩将，最后进入了总决赛，当时我的心情非常紧张，是老师坚定的目光鼓励了我，使我的心情很快恢复了平静，全身心投入比赛，最终取得了第一名。但我深知这成绩的背后，有老师们流下的汗水。

学生7：六年前，我还是一个无知的女孩，依偎着父母，怀着对学校的憧憬、对老师的敬仰走进校园。去年，我听说王老师调到了浑南二校，我也马上转学到了这儿，因为我舍不得离开王老师。六年了，王老师给予我的实在太多了。师情似海，我怎能轻易忘怀？在这里我想对王老师说一声：老师您辛苦了！谢谢您！

齐：我们也想对老师真诚地说一声："谢谢！"

学生8：还记得去年的教师节，您的学生带着许多鲜花和礼物来看您。他们哭着对您说希望您能回去，继续教他们，当时我想这是一位怎样的老师呢？能让学生如此的留恋。在慢慢的接触中，我发现您是一位严厉的老师，上课时，您不允许有一位同学溜号，不听讲。可课下，您却亲切得像我们的朋友。老师，您的学生会永远记住您的教诲。我们不会令您失望！

齐：对！我们永远不会忘记。

齐：回忆往事，一幕幕涌上心头。

学生9：还记得我们在一起嬉戏打闹，还记得我们在一起共同学习，还记得我们一起栽下的小树，这些故事会永远留在我们心间。小学这匆匆而过的每一个日夜，它带走了我们，却带不走我们留下的欢声笑语，带不走我们记下的酸甜苦辣！

学生10：是啊！虽然我们即将离开母校，可校园里处处留下我们的身影，瞧！校园的篮球架下就有我们的足迹。还记得上次的篮球比赛，我们的体育老师牺牲了很多的休息时间陪我们训练，虽然最终我们没有取得名次，可我知道同学们都尽了全力。我希望在座的小弟弟、小妹妹们，你们能完成我们这个未了的心愿，在明年的篮球比赛中取得佳绩，为校争光。相信你们一定会做到！

学生 11：校园的小树啊！希望你们快快长大。因为在那里，有我们最美好的回忆。“毕业树”、“壮壮”、“绿野仙踪”，多么好听的名字！每一棵小树都有一段故事，每一棵小树都是一段友谊的见证。相信若干年后，你们一定会长成参天大树，而那时我们的老师也会桃李满天下。小弟弟、小妹妹们，希望你们能为我们守护着它们。在这里，请允许我们说声“谢谢”！

学生 12：母校，载着我驶向知识的海洋；母校，启迪我扬起远航的船帆；母校，为我把脚下的道路铺向未来！我告别了深爱的母校，依依惜别前，我向着沉落的夕阳，向着我可爱的校园挥手告别。闭上眼睛，让夕阳的柔光触动内心的一份感动，对母校、老师、同学深情地道一声：“珍重”……

学生 13：岁月，流星般穿过我梦幻的心灵，如诗如梦般的小学生活挥手与我告别。别了，我爱的母校，我的小学生活不知不觉就要结束了，在我们即将告别母校，踏上新的旅途之际，我要向尊敬的老师、亲爱的母校道声真诚的谢谢，向亲爱的同学们、我的小弟弟小妹妹们道声：努力！

齐：我们即将告别母校，依依惜别前，我们要献上我们少先队员最崇高的敬礼。“乘风破浪会有时，直挂云帆济沧海。”让时间作证，承载着老师们殷切的期望和深情的嘱托，我们一定会做一名胸怀大志

的读书人！同学们，临别之际，让我们立下誓言：今天，我们以作为浑南二校的毕业生为荣；明天，浑南二校将会以我们为荣！让我们携手一起努力！为报答二校的辛勤栽培而在中学里奋斗吧！

“每个人都流泪了。那一刻，我深深地体会到，真正的教育体现在每个孩子、每个教师、每个家长的感动之中，在这份感动中，我感到了自豪，获得了力量。”围绕校训，学校开展了一系列“爱”的主题教育活动，但丛校长认为爱心墙的揭幕和毕业典礼印象最深刻、最感人、最成功，“动了每一个孩子的心、每一个教师的情”。为了在爱心墙上留下自己的名字，每个员工，包括司机，都把自己的名字写了一遍又一遍，把自己最满意的一个挑出来。揭幕的前一天，图片社及时将几块钢板送到学校，钢板上有一层保护膜，为了不让钢板的表面有一丝一毫的划痕，中午饭刚过，老师们主动来到爱心墙前，顶着盛夏的烈日，用指尖一点儿一点儿地撕下保护膜。丛校长还告诉我，诗朗诵《爱的远航》打动了在场的每一位家长，他们眼里噙着感动的泪水、怀着对学校的感恩之情、更带着孩子成长的喜悦走出了会场，此时无声胜有声，这是对学校“爱”的教育的肯定与认可。

毕业典礼更让孩子们难以忘怀，随后的教师节、“十一”长假，毕业生纷纷回到母校问候他们的老师，用小手轻轻地抚摸爱心墙，抚摸自己的名字，看自己亲手种下的小树，“爱”的教育让孩子们有了太多的留恋与不舍。

典礼之后，很多家长主动留下来帮助学校把科学实验室里的全套设备从三楼搬到一楼。有几位家长发现放在一楼的一人多高的地球仪被五花大绑地捆着，得知学校想请专业搬家公司，二话没说，把地球仪抬到了三楼。学校要给他们拍照，他们一个劲儿地说“不用不用”，说什么也不说是哪个班级、哪个学生的家长。家长们出了力，流了汗，丛校长站在一楼正厅，和家长们一一握手道别，表示对家长的感谢，但让她没有想到的是，每一位家长都连声对她说：“谢谢校长！谢谢学校！”

10. 爱心故事

为了时刻把爱铭记在心，用心去感悟爱，用心去描述爱，学校号召教师、学生、家长把自己经历的爱心故事写下来，集满了十几本厚厚的《爱心故事集》，为此还专门设立了“爱心台”。一个个爱的故事，就像打翻了的五味瓶，尽是生活的酸甜苦辣咸。

一年三班班主任李坤老师在她的爱心故事里动情地写道：“爱学生就等于爱自己。”

【故事一】

有一次，一位平时听课不太认真的男生在课堂上踩了我一脚，面对同学们的责怪和我脚上的鞋印子，孩子竟然吓哭了。我没有责怪他而是告诉他，“老师不疼”。我不知道我的用意他是否可以真正领会，但是我想至少他幼小的心灵

会感到一丝安慰，并且在他的心中老师的形象不是斤斤计较、不可接近，而是和蔼、宽容的。那天下午，班上的一位学生敲开办公室的门问我："李老师，你的脚好点了吗?"只是一句短短的问候，却让我感受到了一个孩子的细腻和善良，这份爱的回报，让我感到欣慰。

教师的一言一行都会深深地影响每一个学生。只要我们真心付出我们的爱，我想收获的定是爱的果实和未来社会真正的人。作为一名班主任，在和孩子们朝夕相处的日子里，我发现，比我的世界更动人的是孩子们的心灵世界。你爱他们，他们也爱你。爱是永恒的！为了你的学生总有一天能如你爱他一样去爱别人，为了这世上的人彼此之间都能互相关爱，请爱你的学生吧！因为爱他们也就是爱自己啊！

【故事二】

我女儿是一名一年级的学生，和浑南二校的老师和同学们在一起学习和生活快一年的时间里，收获很多。

刚开学时，一切都是新的开始，新的学校，新的同学，新的老师，让她充满了好奇和新鲜感，玩心太重，所以成绩一直不是太理想，渐渐的她对自己失去了信心，如果有人问她学习怎么样，她会保持沉默，心情沮丧。她的班主任老师有一次找她谈话，对她说："老师相信你，你一定能赶上他们，并超过他们，你是最棒的。"同样的话对她说了两次，她回来告诉我这件事时的表情，让我至今难以忘怀，老师的话就像能量催化剂，将她的潜能都调动起来了。

自信心是孩子走向成功的桥梁，孩子拥有了自信，就等于成功了一半，家长有责任给予孩子"我能行"的信心，我们家长没有做的，老师做了，老师的话鼓励了她。到了下学期，她很快就赶上来了，自信心满满的，如果现在有人问她学习怎么样，她就会毫不犹豫地回答：

“我学习很好。”老师的话改变了她，没有老师就没有现在自信的她。

【故事三】

还记得刚来到浑南二校六年一班时，我突然感到一切都变了，不管是老师还是同学们都变了。叮叮，上课铃响了，这是老师讲的第一节课，是分数乘法的意义与计算法则。做练习题的时候，老师给我们出了一道题，当时老师叫我回答这道题，我心中已经知道正确答案，可是我不敢说出来，这时老师说：没关系，大胆地答，答错了也没有关系。这句话使我鼓起勇气回答了这个问题。老师，我真想对您说声“谢谢”。

作为教师，独特的身份角色以及和学生年龄的差距，使得老师说的每一句话，甚至每一个眼神，都会对孩子的情绪、感觉甚至认知等心理过程产生深刻的影响。孩子们虽然年龄小，但是仍然能够用那一颗颗幼小的心去体会老师的爱，老师爱学生，学生也爱老师。一位周末来到学校参加排练的舞蹈队员偶然发现一位老师在给几个学生辅导功课，被老师的爱心感动，便在爱心故事中详细地描述了当时的情景，并且在故事的最后特意加了一个注：“这是一个真实的故事。”

在浑南二校，有一个韩国籍学生。她的中国辅导老师写下了一段发生在这个漂亮的“小韩国”身上的爱的故事：

【故事四】

大概是六月中旬的一天傍晚，我照例去辅导小宣瀚功课，心想这个小家伙昨天的数学做得还不错，就是语文课本里有几个词没有弄清楚，今天得给她再解释一下。敲开崔家门，我有点惊讶，屋子里有点狼藉，小平安（宣瀚的妹妹）坐在地板上，玩具散落在周围，小早思（宣瀚的弟弟）小脸脏脏的，站在客厅里看着妹妹。没有见到宣瀚，我问早思“姐姐在哪里”，他用蹩脚的汉语告诉我“姐姐在厨房”。拉开厨房的门，看见小姑娘正踮着脚费力地拌饭，在我的询问下，她告诉我，爸爸生病了，是重感冒，妈妈去买药、买菜，大概一小时左右回来，看到弟弟、妹妹都饿了，她就去做了晚饭。她还告诉我，她会很快的，不会耽误今天的进度。看见她额头渗出细密的汗珠，小胳膊使劲地搅动着盒子里的饭菜，我很感动。

过了十分钟，她果然回到了书房，原来是已经把饭端给了弟弟、妹妹，可是自己还没有吃。我鼓励性地说了一句“小宣瀚辛苦了”，可是她却说：“不辛苦！爸爸妈妈每天才辛苦呢，照顾我们。”我想她对父母的感激之情很多，很深，只是没有办法用汉语贴切地表达，又或者对于我这个她并没有接触太久的“老师”，她不会多讲什么。可我都感受到了。宣瀚——好孩子！

从清秀工整的字迹，大体可以判断这位家庭教师是一个年轻的女大学生，为不懂中文的韩国家长代写爱心故事，本身便是一份善良的爱心。在赞叹“小韩国”的同时，我们也能感觉到她自己何尝不是一个体贴父母、懂得自立的好孩子！

家长的爱心故事里，不乏美文，有的甚至是打印的，但我更想在这里摘录一些没有经过任何修饰甚至有语病和错别字的故事。现在，大多数学校里都有一些外来务工人员的子女，二校也不例外，在沈阳这个第二故乡，在浑南二校，他们的家长也和孩子们一起感受着爱。一位家长这样写道：

【故事五】

今年，我的女儿来到贵校，不管在生活上、学习上，都得到了很大的帮助。我家是外省的，可能是教学课程有所不同，女儿刚到学校时，什么都不懂，老师教她学写语数板报和课程中的书写格式，还有英语，以前在家根本没学这些课程，所以现在她什么都会了，我觉得老师付出太多了，还不嫌我女儿是外省的，给了我女儿很大的鼓舞与帮助。老师的无私奉献，让我们做家长的太感谢了！

父母是孩子的第一任教师，父母的一言一行都对孩子有深刻的影响。学校教育如果能够得到家长的充分理解和认同，得到家长的密切配合和关注，对孩子的健康成长，实在是一件幸事。

【故事六】

我爱我的儿子，胜过爱我自己，他有时气人，有时做的事让你惊喜又高兴。那是今年我生日的那天，一早起来他也没说祝妈妈生日快乐！可一吃完早饭，自己就在屋里没有声，我偷偷一看，不知他在画什么。一会儿，他在喊："妈妈快来看！"我走近跟前一看，原来儿子为我做了一张生日卡，内容并不是那么完整，可那是对母亲的爱，他能懂得去爱别人，我多么高兴！亲了他几下，他的脸上露出了笑容。

后来，我和他讲，你要懂得什么是爱，要从身边做起，爱老师、爱同学、爱花草、爱社会。

【故事七】

我的女儿今年八岁，我非常喜欢她。她性格开朗、活泼，对生活乐观，积极向上。可是总觉得她的学习成绩欠佳，令我有些烦恼。最近发生的几件事情让我改变了想法。

有一天晚上放学回来，我在忙着一家人的晚饭，她帮我淘米、洗菜，收拾了好半天，都洗干净后问我，怎么样，我随口说“真能干，很好”，她很满足，又到卫生间，把泡在盆里的几双袜子洗了。望着孩子的小身躯心里好欣慰呀！

有一次她在学校里帮助两名同学补习功课，非得这两名同学都会了都理解了不可，回家的路上还和我说：“妈妈，长大了我要当一名老师，把我的学生都教会。哪个同学不会我绝不回家！”面对女儿不加掩饰的真诚与爱心，我好感动！

还有一次，晚上放学时我去接她，接得比较晚一些，方便袋里买了一些晚上准备吃的包子。她看到了，和我说：“妈妈，我们老师很饿，我要把包子送给老师。”我答应说可以。她拿起包子飞快地跑向老师的办公室。

思忖着这一件件生活趣事，我猛然间顿悟：女儿啊，妈妈错怪了你。你从小就这样有爱心，未来的社会，一定会欢迎你这样的人。记得一位哲人说过：“爱在，一切都在；有爱，就有一切。”我相信，你拥有这颗至真至诚的心，尽管未来的路不会总是平坦，但是你最终一定会获得成功和幸福！我决心顺其自然，更多地培养女儿做人的美德，让她扬起快乐生活的风帆，让爱心支撑起女儿的人生……

【故事八】

儿子10岁生日那天，我很郑重地提出了一个要求：以后在公共汽车上，如果只有一个座位，那么，请让座给我。儿子很吃惊，因为以前都是父母为他让座，这仿佛是天经地义的。后来他慢慢懂得了要为老弱病残孕让座，可谁也没有告诉过他要为父母让座。我说：“孩子，你已经长大了，快和妈妈一般高了，你身体健康，精力充沛，而妈妈已人到中年，腰腿都不如从前了，之所以要在你生日之时提出这样的要求，是因为你出生那天就是妈妈一生中最辛苦的一天。”儿子眼里泛起了泪光，说：“妈妈，我懂了。”

几天后，公共汽车上，终于有了一个空位，疲惫的我毫无反应，儿子习以为常地一屁股坐下，但随即触电般地跳了起来说：“妈妈，您坐。”我如梦初醒地坐下了。看来，我和儿子还不习惯如此让座，但我们会习惯的。

童言无忌，童心无瑕。在孩子们讲述的那些爱心故事里，爱，就是哪个小朋友曾借给我一块橡皮，一支铅笔；或者哪位同学告诉了我一个我不认识的字，给我讲了一道我不会算的题；或者在我不小心摔倒的时候有同学拉了我一把，帮我拍打掉身上的尘土；或者是两个小朋友手拉手顶着暴风雪一起回家；没带家里的钥匙，被邻居老奶奶请到家里吃午餐；捡到了钱交给保安叔叔；我认真地打扫教室卫生；有时，爱是肚子疼时老师送到跟前的一杯热水；有时，还会是老师的一句鼓励，一个微笑；有时，是生病时妈妈焦急的目光；有时，又是因为贪玩回家晚了爷爷的吼骂；爱，就是爱父母，爱家人，爱老师，爱同学，爱校园里的小树，爱图书馆里的每一本书……

这些关于橡皮、铅笔的小故事，我最初看到的时候只是觉得挺好玩儿，甚至认为小孩子的内心世界就应该是这样简单，这些行为再自然、再正常不过了。直到春节探家，听妹妹说起我那不到六岁的双胞胎外甥女和外甥，丫丫和小小，在幼儿园上辅导班的经历，才猛然觉得浑南二校要求学生“写爱”实在必要。有一天从辅导班回到家里，小小特别不高兴，嚷嚷着说再也不想把自己的铅笔借给他的同桌了，妹妹问为什么，小小说他的同桌每天都不带铅笔，都一学期了，总是用他的，那天，有一支铅笔尖儿断了，两个人抢着用一支，便发生了小冲突，以至于小小终于对他的同桌说了一句：“你能不能自己带呀?”决定不再借铅笔给他的同桌了。丫丫在一旁说她的同桌也经常要用她的铅笔，而且还非要抢丫丫喜欢的那支粉色的不可。因为是双胞胎，丫丫、小小从小接受的教育就是姐弟两个凡事都要互相谦让，谁也不许争，谁也不许抢，除了衣服，书和玩具都是两个人分享，没有你我之分，谁也不许独自“霸占”。小时候喂饭喂水果，都是一人一口，两个人轮着吃，有时候大人搞错了，他们自己会主动提出来该给姐姐或者弟弟了。在家里懂得谦让，在幼儿园自然也是如此，一支铅笔、一块橡皮也没什么大不了的，家里人谁也没往心里去，仍旧告诉两个孩子要把铅笔和橡皮借给别的小朋友，小孩子哄一哄一会儿也就好了。那天的事情就这样很快平息下去。但是随后发生的事情却让妹妹一家陷入困惑，并引发了一场家庭内战。丫丫有一天忘了带胶棒，结果没有一个小朋友肯把自己的胶棒借给她。姥姥知道了这件事情之后，替丫丫抱不平，找到老师，老师却无奈地说现在都是独生子女，自己的东西“把”得都很紧，在外面都很“霸道”，没办法。老师表示没办法，那就只有自己想辙了，眼看两个孩子就要上小学了，家里人都担心这样下去孩子将来在学校里会被别人欺负，于是在是否需要改变对丫丫、小小的教育的问题上，妹妹、妹夫、姥姥、姥爷之间产生了很大的分歧，一派坚持今后我们也坚决不借了，一派主张别人借我们就借、别人不借我们也不借，一派说大人不能这样“教唆”孩子。最后达成的一致意见是，还是要让孩子从小就懂得，谦让是对的，帮助别人是对的，他们以前没有做错，至于他们今后究竟该怎么办，该怎样学会和小朋友相处，将来长大了走向社会怎样和他人相处，一家人决定把这个权利交给他们自己，让他们自己去做决定。妹妹是把这段家庭趣事当成笑话讲给我听的，可我的心却提到了嗓子眼儿，直到最后，才算松了一口气。

听过这段家事，回头再看看浑南二校“爱”的教育，才恍然明白那些“爱的故事”的真正意义和价值。教育是什么？今天的孩子到底需要什么样的教育？值得每一个家长和教育工作者深思。学校教育在帮助学生实现个体的社会化进程中扮演着重要的角色，对于一个孩子来说，学校生活是其走向社会的开始，教育本身就是一个社会化的过程。在这个“化”的过程中，与知识的给予和灌输相比，以恰当的方式，对幼小的心灵加以适当的引导，帮助孩子们形成最基本的道德人格，为其身心全面发展奠定良好的基础，让孩子们从小在学校里就学会与他人融洽相处，学会与他人合作，更值得关注。

在一个又一个爱心故事里，孩子们不断地去寻找爱、感受爱、理解爱、享受爱、奉献爱。一年级小朋友的“爱”简单到只有一句话：“我想(给）穷人交学费。”高年级的孩子写得多一些，“天下最伟大的爱，是发自内心的爱。母亲的心是纯洁的，是至高无上的。世界上的每一位母亲，都有一颗最真诚的爱心，隐藏着一种最真实的爱。从小妈妈便最爱我。我的任何一个东西都是妈妈给我的。希望有朝一日，我能成为平凡中不平凡的人。无情的岁月已在她额上留下了痕迹，但她对我的爱非但不变，而且更加深长。”

学校的第一届毕业生虽然在校时间实际上只有短短的一年，但对母校却是饱含深情：

【故事九】

在爱的土地上我们成长，在爱的天空中我们飞翔，在爱的阳光下我们天天向上，在爱的花丛里我们纵情歌唱。这是我们浑南二校的校歌，校园里一个爱字在流动。“百爱”校树让人感到亲切、温暖，校树命名为“百爱”，是祝愿我们二校的孩子在爱的海洋中健康成长。

我刚刚来到浑南二校时，感到一切都是陌生的。一句你在学校里快乐吗？我被问得不知道怎么回答，我在学校里的学习环境很好，只是这里对我而言太陌生了。不过我要尽我所能和这里的一切交朋友。

现在，许多人都成为了我的好朋友，而且关系也很好。我们马上就要毕业了，我舍不得这里，希望永远和二校的老师同学在一起，希望这一切永恒，不过这不可能，只能回首向二校说句“再见”。但我想留下一句真挚的祝福：但愿浑南二校一个“爱”字永驻校园。

有的故事使用那种足以引起悬念的开头：“我和某某同学有一段爱的故事……”，下面写的只不过是两个小伙伴一起去书城，一起看书，把零花钱凑在一起买汉堡包和薯条。孩子的世界果真如此简单吗？

【故事十】

我一直认为老师和同学之间有爱，同学和同学之间也有爱，但我感受到我和爸爸之间也存在着一种爱。

有一次我爸骑着自行车来接我，我背着书包，爸爸说：“我给你背吧！”我说：“不用。”爸爸非要背书包不可，我只好给爸爸了。到了卖西瓜的地方，爸爸买了一个大大的西瓜，我说：“爸爸把书包给我吧，还是让我背着书包吧！”爸爸对卖西瓜的那个人说：“我女儿长大肯定孝顺。”

听了这句话我很高兴。到了爸爸家，我让爸爸给我买一支水性笔，爸爸爽快地答应了。中午爸爸去买冷面，一共买了三碗。爸爸送我到姥姥家就走了，望着爸爸的身影，我不知不觉地哭了，因为我想爸爸。在家的三口人当中，我非常爱我的爸爸，因为爸爸不打我也不骂我。所以我爱爸爸，我真希望我们永远在一起不分开。

得到爱的孩子不一定能够意识到爱，缺少爱的孩子不一定就不懂得爱，他们对爱的渴望更迫切，他们心中的爱更珍贵，更深沉，更凝重，有时候，小孩子会承受不了这份生活之重。学校教育如果能对此加以正确的引导，让孩子们懂得去宽容而不是抱怨，去珍惜而不是放弃，让那些经历坎坷的孩子变得平和而不是激愤，友善而不是敌意，开朗而不是孤僻，生活的磨难就会变成成长的营养。呵护这一时，便是呵护他一生。

愿浑南二校的孩子们永远怀着一颗纯真的心去爱周围的一切，爱这个世界。

在一本本爱心故事集中，在老师们的读书笔记中，在和丛校长的交谈中，我还了解到一些更为感人的故事，听了足以让人落泪。每一个故事背后，都藏着一颗经历过不幸的脆弱的童心，一颗正在被爱呵护着的稚嫩的童心。孩子的心最是敏感。无论如何，无论出于怎样的目的，哪怕是以爱的名义，它们都是不应该被写在这里的。孩子的心是透明的，对于一个孩子来说，最可怕的莫过于让那颗透明的心受到刺痛、受到伤害，蒙上阴影，从此透不进阳光。

以爱的名义，就让我们把那些爱的故事永远珍藏在心底吧！让爱的光芒照耀着每一颗童心，撒满每一颗童心的每一个角落！

“爱”的校训，爱的宣言，爱之歌，爱之旗，爱之树，爱之墙，爱的天使，爱心之家，爱的导师，爱的承诺，爱心故事，撑起一片爱的天空。每天都有爱，爱在365。“爱”的教育，已经成为浑南二校名副其实的校本课程。在这门课程的实施过程中，没有教材，但处处都是教材；没有专任教师，但人人都是先生。学生、教师、家长，人人参与其中，人人成为课程资源的提供者、发掘者，人人都是课程的开发者、建设者，人人都是课程的受益者。

这门课程，事先并没有一个完整的策划过程，而是一点一点地逐渐变得丰满起来。每当我问起爱的宣言、爱之歌、爱之旗、爱之树这些好点子都是怎么来的时，从校长都会这样告诉我：集众智。集众智，是浑南二校学校文化建设和塑造过程中的一个特点。广交朋友，为我所用，是建校初期就确定的办学策略。从“爱”的校训，到爱的宣言，到校歌，到校树的名字，到爱之墙，没有任何一个是哪个人闭门造车或简单抄袭再加工的结果，都是广泛发动师生、家长，找朋友、请专家，大家反复讨论、反复争议、反复碰撞出来的。有了灵感之后，大家又一起具体谋划，一起动手实施。

在浑南二校，校训、校歌、校旗，爱之树，爱之墙，爱的宣言，爱的承诺，爱的故事，不是文化的摆设，不是矫情的装饰，爱，已经成为二校人共同的信念，这种信念，浸润着每一颗稚嫩的童心，更荡涤着每一个成年人的灵魂。

这种信念的确立，靠的不是简单的说教，而是一次又一次真情的触动，终于，“爱”的一笔一画，刻在了内心深处。我不止一次有机会参与学校的活动，听孩子们诵读爱的宣言，听孩子们齐唱校歌，置身其中，心灵受到强烈的震撼。每一次，眼里都会变得潮湿，胸中都会有激情涌动。

爱的教育，留给二校人的，是一份刻骨铭心的感动。

大爱无疆，它要告诉人们，教育的力量和可能性是无穷尽的！

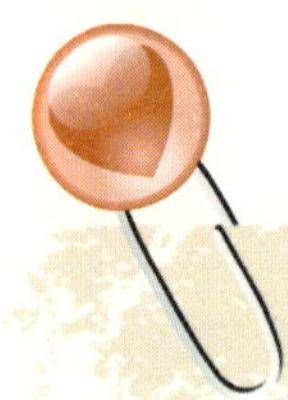

七、从坚持到习惯，从习惯到生存方式

一本好书是最好的朋友，今天如此，永远如此。

阅读可以增长知识，阅读可以开阔眼界，阅读可以引发思考。阅读，尤其是那种超越功利的阅读，沉浸在那些伟大的作品中，不仅可以使人获得精神上的愉悦与满足，更是对人生的一种体验。阅读，让人生更加精彩。

从建校的第一天起，丛莲芳校长就对全体教师提出了一个要求，就是人人都要读书，人人都要写读书笔记。A4 纸大小的深褐色仿皮面笔记本，是老师们从丛校长那里得到的第一份礼物。当时学校的图书馆还没有建设，学校就采购了两万元的图书，就这样，老师们踏上了读书的征程。所有的读书笔记都要用钢笔或碳素笔工工整整地抄写在这个本子上。从 2006 年 9 月学校正式开学到现在，2008 年 1 月，短短一年半的时间，浑南二校的老师们已经写下了数千篇读书笔记。

与丛校长第一次长谈的那天下午，正赶上学校成立家长学校，丛

·2007·4
理想的恋爱
——我的理想可能有点梦幻
那就是和自己的男朋友形影不离，时刻想着对方，互相扶持，两个人一起住在山里，被很多动物包围着，佣人们在我们看不见的地方准备饭菜，帮我们打扫房间等等。总之就是要每天在一起，粘着，即使是两个相对无语。还有一个条件，要和很多的动物在一起，快乐的生活。这是我的梦想！
小时候的梦想成为人猿泰山
在原始森林里大声吼叫，从一棵树上跳到另一棵树上，和许许多多数不清的动物在一起……
现在想想觉得很可笑，可当时真的是憧憬了好几年呢。
我现在还是很喜欢动物，如果我不在是教师，就一定会去当保育动物的义工，为动物们尽份心力。
（简单的想法，你对动物好，它就对你好，包括老虎、蛇……这种相互的好，最简单，最自然，最没有杂质……）

假期过后，快乐的童年也结束了，
也许我将永远都挂在这里，
我没有电动机关，不会发出惊人的音响，
我没有电子音乐，不会唱歌也不能开口说话，
我沉默、柔软，易清洗，不易毁损，
当你回味童年时光，请想起我……

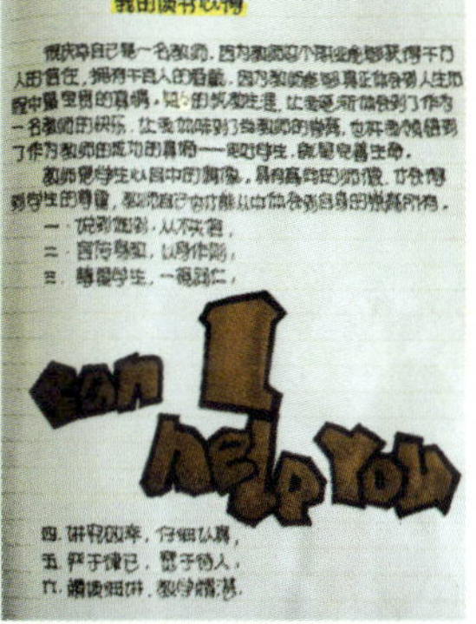

我的读书心得
一、说到做到，从不失信，
二、言传身教，以身作则，
三、尊重学生，一视同仁，
Can I help you
四、讲究效率，仔细认真，
五、严于律己，宽于待人，
六、钻研业务，教学精湛。

生活中的经典感人语句
1. 如果人生是一趟旅途，快乐与悲伤就是那两条长长的铁轨，在我身后紧紧跟随。
2. 人不要等待明天，因为没有人知道自己有没有明天。
3. 心中有所尊崇，生命才会坚强。
4. 大海的宽广在于汇集大大小小的川流，生命的汪洋在于包容深深浅浅的缘分。
5. 人生最重要的不是我们置身何处，而是我们将前往何处。
6. 人有一些事，错过一时就错过一世
7. 走的桥多，不一定走的路就少，吃的盐多，不一定吃的饭就多。走路的时候有伴就不觉得路远，吃饭的时候有伴就吃得香。

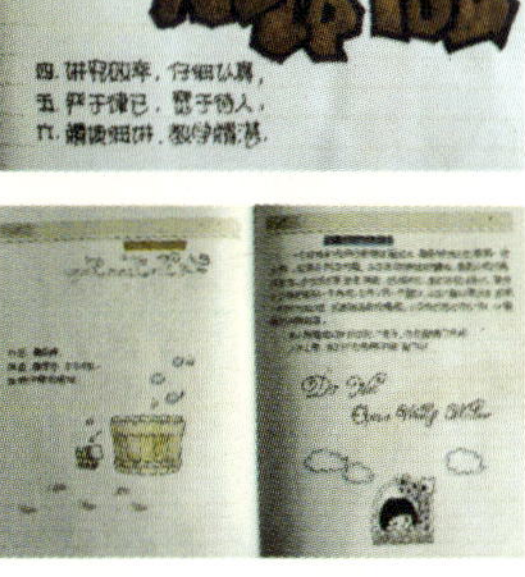

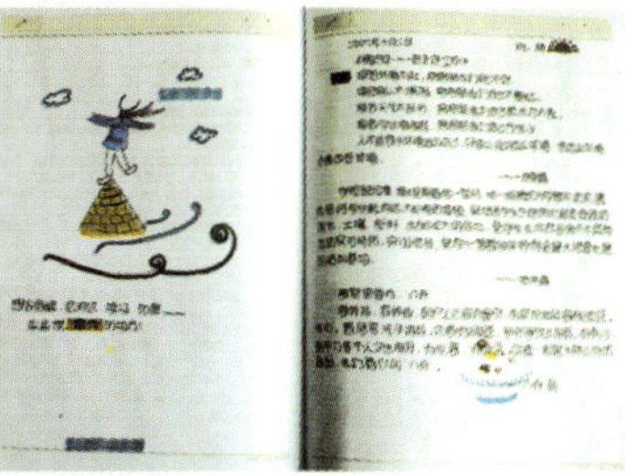

校长去报告厅开会，我便去了学校的资料室，想找一些有用的资料。和其他学校一样，除了各种规章制度被装订成册，编上号码，贴上标签，整齐地摆放在文件盒里之外，一些学生作品、活动纪实和老师的读书笔记也陈列其中。现在，要求老师们写读书笔记的学校越来越多，像赶时髦一样，尤其是在小学，学校常常把老师们的读书笔记拿来摆在资料室或展览室里，供各种检查、参观之用，看得多了，也就不感觉有什么新鲜，甚至觉得像是校长在作秀，用这种方式来证明自己的老师热爱学习，勤于学习，自己的学校是一个学习型的组织。

老师们的读书笔记都放在资料室西面的长条桌上，平铺着摆成长长的一排，外加高高的一摞。信手翻了翻，发现大多数读书笔记都使用了正楷书写，而且配有小插图，或是各式各样的不干胶小粘贴，看起来赏心悦目。有一本看起来格外精致，每一篇，不仅字迹工整、清晰，而且还特别精心地用五颜六色的笔绘出各式的花边和图案，让人感觉到，它的主人在创作它的时候一定是津津有味，乐在其中。这样一本笔记，让人体验到一种美的享受。

我感到非常不可思议，而且也无法想象。

在互联网迅速普及、各种资料自由下载、唾手可得的今天，崇尚网络化生活的年轻教师们怎么会愿意用如此原始刻板的方式，一笔一画、一字一句地来制作他们的读书摘抄和心得呢？

联合国教科文组织早在 1995 年就将每年的 4 月 23 日确定为世界读书日，旨在警示人们自省和书本的距离。但是目前成年人读书率却是每况愈下。在数字化和网络化时代成长起来的一代新人，早已成为不折不扣的“网民”，而不是“读者”，他们宁愿遭受辐射，而不愿享受墨香。越来越多的成年人一方面抱怨工作繁忙没有时间并以此为借口拒绝书籍，一方面又在用各种以感官刺激为主的休闲娱乐方式填补宝贵的休闲时光。“读屏”替代了“读书”。除了随手翻翻报纸杂志，玩转鼠标在互联网上浏览各式新闻，恐怕很少有人去触摸那些真正的书籍，去倾听，去沉思，去和大师对话，更很少有人把如此的生活当作是一种需要、一种享受了。今天，阅读已经成为了人生的“奢侈品”。

中国出版研究所的调查数据显示，虽然约 84.1%的民众认为阅读是促进个人发展的不二法门，但中国人均图书拥有量仅 4.5 本，不足发达国家的十分之一。2006 年中国公共图书馆藏书量人均为 0.39 册，美国为 2.8 册；中国人均购买图书金额 2004 年是 35 元人民币，美国在 1999 年的数据显示为 93 美元；拥有借书证的读者在中国大约有 1062 万人，在美国则达到 2.1 亿。和中国相比，美国人似乎应该可以乐观一些，但相对乐观的美国，却向自己的国民敲响了“阅读危机”的警钟。美国艺术基金会（national endowment for the arts）在 2007 年 11 月发布了一项 99 页的报告，集中了 2004 年以来的各大学、基金会和企业集团进行的 40 多项研究，揭示了当今美国的阅读事实。一项最新的研究报告显示，美国各个年龄段人口的阅读能力和时间都在普遍下降，大部分受过高等教育的美国人不具备基本的阅读能力。这种下降，又和人的各种技能、收入的下降成正比。而造成美国阅读危机的，竟然是互联网。报告中说，美国人均阅读的时间，随着年龄的增长而下降。在 13 岁的孩子中，只有 30%几乎每天阅读，在 17 岁的孩子中，那些从来不以阅读为娱乐的比例，从 1984 年的 9%上升到了 2004 年的 19%，在 18 到 24 岁的青年中，将近一半的人从来不以阅读为娱乐，在 15 到 24 岁年龄段的人口中，平均每人每天看 2–2.5 小时的电视，但只花 7 分钟阅读。到了 17 岁这一年龄层，阅读能力急剧下降。随着孩子的成长，阅读兴趣逐渐丧失。报告指出，也许有人认为，在网络时代，一般工作对阅读的依赖性越来越小，不读书也许无伤大雅。但事实并非如此。报告的民调显示，有四分之三的雇主认为阅读能力对上过两年制大学的雇员“非常重要”，将近 90%的雇主认为阅读能力对上过四年制大学的雇员“非常重要”。所以当年轻人一旦走向社会，就会发现：当今的经济和社会，还是依赖复杂的法律文件、周密的契约、深度的分析报告和各种充满想象力的文字来建构的，阅读能力对一个人的收入以及事业是有显著影响的。伊利诺斯大学教育学教授、国际阅读协会前主席 Timothy Shanahan 指出：“如果你的阅读能力低，不仅会放下报纸，甚至连电视新闻和广播也不闻不问，你会降低对体育、宗教等活动的参与，处于一种自我隔绝的状态。”报告强调，阅读能力对一个人的谋生技能、社会责任和道德品质，以及身体健康和生活质量都有全面的影响。缺乏足够的阅读，使人民脱离社会，灵魂孤寂。我们再来看看《出版人》杂志在今年 3 月对法国的介绍，“法国当之无愧地拥有‘阅读大王’的称号，大多数法国人把读书视为最具文化价值的活动。四分之三的法国青少年认为，读书是最有意义的一件事。日常生活中，读书是法国人首选的休闲方式。法国著名的民意调查机构 IFOP 最新发布的一项调查指出，55%以上的法国人每年阅读 1-12 本书，24%的人阅读 12 本以上，其中不少人达到 20 本。法国教育部官员白乐桑认为，法国原本是一个农业国，大多数人是农民，广泛的阅读让法国人去掉了土气。”

虽然没有查到中国读书状况的调查资料，但是前不久亲身经历的一件事让我无法忘却。去年“十一”长假，我去一家理发店烫头，根据以往的经验，洗、吹、熨、剪、定型、洗、软化、再洗、修整，烫个头下来需要耗上好几个小时。为了帮助顾客打发时间，理发店里通常会周到地准备各种美容美发和新潮时装杂志，花花绿绿，琳琅满目，但是那些书大多用纸考究，硕大厚重，对我这个在烫头过程中必须摘掉眼镜的大近视眼来说，只能用两只手把它们举在眼皮子底下才能一饱眼福，时间短倒也能撑得住，好几个小时看下去，绝对会出现审美和肌肉的双重疲劳。干脆自助一把，所以那天就自己带上《三十六天，我的美国教育之旅》，该书系时任山东省潍坊市教育局局长、国家督学、现任北京市第十一中学校长李希贵先生所著，书中如实地记录了他2005年4月在美国哥伦比亚大学教育学院做访问学者期间的所见所闻，所思所悟。

一个肤色白皙、长相可爱、说话轻柔的小女生帮我洗过头之后，开始在理发师的指点下为我熨头发，我则翻开了自己的书。过了一会儿，小女生问我："姐，你看的是什么书啊?"我随手把书翻过来，露出封面。"这就是书名啊?"对这样的书名，她显然是不太习惯。又过了一会儿，小女生忍不住又发问："姐，你平时经常看这种名著啊?!"虽然我对李希贵先生一直有几分崇拜，但他的这本书无论如何算不上是名著。真不知假如李希贵先生听到他的书被一个非常可爱的女孩子视为名著会是如何感受？我耐心地向她解释，我读的不是名著，是山东的一位教育局局长写的，书上说的是他在美国的一段经历。小女生不再问了，安静地完成了她手里的活儿。接着，理发师开始动手剪发，商量完样式和长短之后，我照旧看书。"姐，你要考试啊?"理发师问，"不考试。""不考试你画答案干什么?"我读书有个习惯，只要拿起书，手里就总要拿着黄色的荧光笔，精彩动人、发人深省，或是疑惑不解之处，都要用荧光笔涂下来，留待以后翻阅的时候能很方便地找到。

理发师看到我在书上画来画去，以为我要准备参加什么考试。

熨头的小女生和年轻的理发师，对顾客都很礼貌，很有修养，一个妩媚，一个帅气，他们靠自己的劳动赚钱，令我敬佩，他们的年龄，也足以让我嫉妒，要是能多读一些书，和那些真正的大师对话，让自己的人生多一份不同的体验，那该有多好。

后来，我跟一位年长的同事谈起这件事，他说：这件事情说明，成人不读书，或者说为考试而读书，不考试不读书。

这是教育的失败。

反思自己平日里的阅读，其实也带有很多的功利性，比如我读《36 天，我的美国教育之旅》，无非是想了解更多的和我的工作有关系的信息，试图从中受到一些启发罢了。理发师说我准备考试也没有什么不对，我不过是想答好工作这张试卷。阅读尚且如此，又哪里有闲情逸致去写读书笔记？越来越习惯用键盘代替书写，手握着笔就是没感觉，字迹也越来越潦草，只有触到键盘才有思路，坚持了三十年的记日记的习惯近年来也是三天打鱼两天晒网，一年到头写不满一个笔记本。

在浑南二校，老师们当真情愿写读书笔记吗？望着那厚厚的一摞笔记本，我的心中不能不产生疑问。我知道这是丛校长定的规矩，于是偷偷地问来到资料室的庆文副校长：“老师们愿意写读书笔记吗？”“开始不愿意，有抵触情绪。一个美术老师说，我是搞美术的，天生对文字没感觉！”庆校长很坦率地告诉我。

其实当时我心里还有更大的问号，就是校长写不写？中层干部写不写？再次见到丛校长时，不得不这样发问。丛校长告诉我，没有一个人例外，从校长到副校长，从教导处、德育处、总务处、少先队大队部到电教部，从教师到会计、食堂管理员，每个人，每个岗位，一个不落。庆文副校长当即批评我说，“你看得不认真！”她是指我那天在资料室里没有发现丛校长的读书笔记。她哪里知道，我当时看着那么多笔记，都眼晕，而且我根本就没有想到校长也要写。

最初的一段日子里，唯一的办法就是用制度去约束。用丛校长的话说，就是下任务，逼着写，检查写。学校首先为老师们开出必读书目和自选书目，在数量上，要求每人每月写四篇，写满笔记本的一页就算一篇，丛校长说，学校充分考虑了老师们的承受能力，平均每周写满笔记本的一页就算完成任务，应该说，这是一个人人可以完成的量，每月必写，寒暑假也不例外。在质量上，不论是摘抄还是心得都可以，实在没有时间，甚至可以直接以剪报的方式代替，但事实上几乎很少有老师采取这种方式，学校设专人负责检查读书笔记的完成情况，并纳入对教师的考核体系，学期结束前和新学期开学后，学校都要组织召开读书交流活动，每人在会上交流一篇读书笔记。

这项制度，从开始确立，就没有间断过。每到月初，大家都要主动把读书笔记交到人事干事那里，干事根据完成情况，为每个人划定等级。能完成四页任务的，笔记本上会印上一面“小红旗”，字迹很工整，能配插图的，可以得到两个旗，超额完成任务，或有自己的心得体会的，可以得到三个旗。等级的评定非常公正，谁也不迁就。丛校长找出自己的读书笔记，指给我看，这个月只得了一个旗，庆校长则提起她有一次因为交晚了，一个旗也没有得到，她以原创为由为自己力争红旗，干事则说：“原创也不行！”等级评定之后，所有的读书笔记集中摆放在资料室里，供老师们互相翻看和交流，然后再各自取走接着写。

现在，老师们已经养成了读书和写读书笔记的习惯。老师们非常珍惜自己的读书笔记，每次交上来，都担心会不会被弄丢了，评完了等级，马上从资料室取走自己的笔记。老师们的读书笔记，最初普遍是简单的摘抄，现在写自己体会的越来越多，认真思考的越来越多。而且，随着学校英语特色的确立，一些老师开始在读书笔记中使用英文。随着习惯的养成，丛校长又提出新要求：读书有积累，动笔有文采。

冬日里最冷的一个星期六，室外的气温已经降到摄氏零下二十几度，我一个人猫在家里，逐字逐句地阅读了已经装订成册的浑南二校2006-2007学年度两次读书交流活动的集锦，共78篇读书笔记。平时我到一些学校，被领到资料室、荣誉室之类的地方参观，看到老师的读书笔记，大都是信手翻翻，其实一个字都没看进去，如此细心地阅读老师们的读书笔记，是第一次。

我被那些或平实或华美或幽默或激扬的文字深深地吸引，我被那些真挚情感的流露所打动，仿佛是和老师们进行了一次心灵的对话。那一字一句的背后，是一种早已久违了的青春激情，是一种始终渴望留住的热血冲动。那是人生最宝贵的财富。窗外天寒地冻，我的内心却涌动着股股暖流，那也是爱，是我对教育的爱。

苏霍姆林斯基说："学生智力生活的一般境界和性质，在很大程度上取决于教师的精神修养和兴趣，取决于他的知识渊博和眼界广阔的程度。"在浑南二校，老师们读教育，也读经济，读经典，也读时尚，读文学，也读历史，读自己的专业书，也和孩子们一起读童话书。

读书，读出了感悟。真正的教育始终需要良好的悟性。

一年一班班主任黄蕊老师在《班主任工作漫谈》读后感中写道：

看完这本书，我最大的感受就是班主任工作是件讲究艺术的活儿，如果有一套行之有效的管理办法就会把原本又苦又累的工作，干得轻松，干得快乐。

读书，读出了爱与责任。

作为一个母亲，二年二班班主任张侠老师在读了《母爱无处不在》之后，在她的读书笔记中，讲述了这样一个故事：

我班的新体委是个四川的小男孩，说话十分不清楚，上课不爱回答问题，课下不和同学们玩，成绩也不理想。对于这样的一个外地孩子，我应该给予他更多的爱，不能让他掉队，上课时我总是给他更多的机会，让他练习说普通话，并告诉同学们不要嘲笑他，多和他做游戏。开学初选班级干部时，他给我写了张字条，要当体委，看着他那认真的眼神儿，我点头同意了，可是同学们却满口的不满，一个讲四川话的体委，势必要给班级丢分，其他老师听到我们班体委的口令声也向我建议换个体委。体委虽然不是什么“大官儿”，但对于一个外地的孩子，能受此殊荣，他的爸爸妈妈一定也为他感到自豪。如果就因为怕丢分，让他下来，一定会伤了他的自尊心，让他从此离开这个集体。如果是他的母亲，看到孩子有难处，她一定会想方设法帮助他。我也是有孩子的人，应该能体会到孩子、妈妈的感受，所以我向大家保证，他一定会是位出色的体委。没过几周，他的普通话就进步了，成绩也提高了很多，而且在班级中的各项表现都很优秀。

学生的改变使我更加清楚地认识到，“爱学生”不是口号，不是肉麻，不是虚伪，是超越了亲人和朋友的人间真爱！只要我们真心地、公平地对待每名学生，就一定能看到爱的硕果。也许你的付出没人看见，没人了解，也许有时还会遭到误解，请不要放弃，坚持到底，你的学生心中最清楚，谁是他们最值得信赖、尊敬、爱戴的人。

老师的爱是学生人生路上的一盏指路灯，引导他们走出迷途，追逐光明。老师的爱就像一场春雨，一首清歌，润物无声，绵长悠远。

五年一班班主任马越老师这样感悟《爱的教育》：

《爱的教育》我是一口气读完的，虽然我没有流泪，可是我认为这是一本洗涤心灵的书籍。爱是一次没有尽头的旅行，一路上边走边看，就会很轻松，每天也会有对新东西的感悟和学习，使自己充实。

于是，我就想继续走下去，甚至投入热情，不在乎持续多久，此时这种情怀已经升华为一种爱，一种对生活、对教育的爱。

六年一班班主任王金娜老师读《给予是快乐》之后写道：

教师这个职业就是一份给予的职业，我们给予学生的往往比得到的要多得多。也许，生活中我们会有些不如意，会有些抱怨，甚至有的时候会想：下辈子再也不当老师了。可每当看到孩子们的点滴进步，看到他们渴望求知的眼神，我又感到我是幸福的，因为我觉得我的存在是有价值的。试问：世界上有什么能比做一个有价值的人更有意义呢？正因为学会了给予，学会了付出，我用真心对待每一位学生，同样，我也收获了回报，因为我知道我的学生们是爱我的。我不仅要求自己要这样做，也要求我的学生们要学会给予，同学有了困难要给予，身边的朋友有需求要给予，对爸爸妈妈也要学会给予，这样你才会感到快乐，因为你是富有的，你是充实的。

读书，读出未泯童心。

综合实践课李姮老师读《小王子》有感：

梭罗说，人在过着静静的绝望的生活，他是远离人群的，阳光下去找寻一切颓废的根源，一无所获，这是一个落满灰尘的天堂。有幸的是我们的心中还有一个关于小王子的故事，忧伤但美好，小王子的忧伤是因单纯的爱恋；美好，是因为爱恋给人的感动和希望。因为小王子的故事，我们在静静地生活时，心里有着希望和温存，有着感动和关于驯养的责任。

每个大人都曾经是小孩子，只是现在不少人的心灵也无法保存那份纯真。作为一名教师，我们更相信，爱是一种责任。正如《小王子》中那株被驯养的玫瑰花，它是有刺的，它是高傲的，但因为小王子爱它，所以小王子愿意为它担当风雨，我们也是，孩子不是十全十美的，但他们是最纯真的，用我们的爱去驯养吧，因为那是一种责任。

读书，读出差距和自觉。

教导处周颖读《给教师的建议》有感：

想想自己，有时为了一节课，花了大量的时间在网上搜索；有时为了写一些东西也是绞尽脑汁，趴在电脑前浪费时间。想起来都是平时不怎么看书、学习，急来“抱佛脚”的结果。学生是一个装不满的水桶，自己永远是被他们追赶着的送水工。要想在课堂上成竹在胸、纵横驰骋，不断读书是一条不错的捷径。作为一名教师，我应当主动学习。因为只有不断丰富自己，才能赢得自身的发展，这是做一个“真正的教师”所不可或缺的“精神底子”。苏霍姆林斯基说：“一个真正的人应当在灵魂深处有一份精神宝藏，这就是他通宵达旦地读过一二百本书。”反省自己，我看了多少书呢？真是少之又少。

在整个学校，阅读与写作成为一条金科玉律，成为一种传统，阅读与写作在老师之间架起了心灵沟通的桥梁，阅读与写作唤醒了每个人心底沉睡的宝藏，这个集体也就从此拥有了取之不尽、用之不竭的智慧财富!

读书，读出了自信和力量。

我们来看看体育组王磊老师如何“品三国”：

东汉末年，烽烟四起，诸侯割据，群雄逐鹿。各诸侯间经过不断的战争吞并，最终曹操北占天时，孙权南据地利，刘备独占人和，而天下也形成了以魏、蜀、吴为首的三国鼎立的局面。时光如水，生命如歌。转眼间，地球已经进入了21世纪，而世界也经历着大变迁。

自从浑南新区从东陵区分离出来以后，新区的面貌发生了翻天覆地的变化，而教育改革更是势在必行。原来的农村式的小学已经跟不上新区发展的节拍，随着一校、二校、三校等新学校的兴建，浑南新区的小学教育也随之形成了以一校、二校、三校为代表的三校鼎立的局面。

一校位于河畔新城，区教研室也设在那里。一校大有当年曹魏挟天子以令诸侯之气势，成立最早，经济发达，地区富庶，所以我说一校占据了天时。

三校位于佳榆新城万科地产地带，居民的住宅都是别墅式的小楼房，居民的生活水平非常高，学校虽未正式成立，但是已经可以看出规模相当大，距新区管委会也是最近，正如三国时孙权占据了地利。

二校成立已近半年，在这半年中，我校已取得迅猛的发展，不仅校园建设已现雏形，师资力量也是更进一步。我们就像三国时期的蜀汉，之所以这么说，是因为我们的丛校长是沈阳市教育专家，专家治校自有独到之处。对外她招贤纳士为我所用，对学校建设提出众多宝贵意见，对我们的成长有非常大的帮助，也是丛校长人格魅力的体现。校园建设、师资建设等各个方面都彰显大家风范。所以将我们的丛校长比作刘皇叔。

有了刘皇叔，当然少不了身边的卧龙军师、五虎上将。这些我也皆有比较。我将庆校长比作诸葛孔明，庆校长做事运筹帷幄、成竹在胸，有舌战群儒之才，有治家安邦之能。学校新成立，内部事务繁杂，规程设置、课程安排、人事调动，庆校长总能做到事无巨细，面面俱到。正如那句古话：运筹帷幄之中，决胜千里之外。

五虎上将之——黄忠：老而弥坚，带兵有方，自己更是有着一手百步穿杨之绝技，我将我们的孙主任比作黄忠。孙主任有多年的教学经验，我们知道教务处与班主任和课任教师的关系在很多情况下是对立的，然而孙主任与我们大家却能相处得十分融洽，没有红过一次脸。

五虎上将之——赵云：三国里最具传奇色彩的人物，赵云是三国中的百胜将军，没有打过一次败仗，好比我们的班主任队伍和英语组，我希望他们所带领的队伍能够在今后区、市、省里的比赛中百战不殆，成为常胜将军。

五虎上将之——关羽：忠肝义胆，铁骨铮铮，傲气傲骨，由其内而散发至其外，我将他比作我们的关维贺老师。他们之间有很多的共同点：第一，他们都姓关，并且他们的体重也差不多；第二，关公刮骨疗伤，谈笑自如，而关老师在教师排球赛期间，左腿的韧带半月板严重受伤，到现在还没有完全好，但是他没有吭半声，而且还在比赛的剩余时间给我们加油鼓劲，第二天仍然坚持上班，没有耽误正常上课，为了工作，把治疗的最佳时间都耽误了。一句话，纯爷们儿！第三，他带出的队伍都是响当当的队伍，拉出去就能出成绩的，不服不行。

五虎上将之——张飞：此人粗中有细，常用巧计制胜。我将电教组比作张飞，因为他们的工作在全校最具有技术含量，而且其成员张鹏老师也是与张飞同姓，体形也差不多，只是我们的张鹏一定比张飞白。

五虎上将之——马超：西凉人士，年轻有为，勇冠三军，我将我们的后勤主任吴海波比作马超，海波也是来自外地，此前曾经有过工作经验，少年老成，相当稳重，后勤工作做得有模有样。

我们的领导是如此的出色，我们的关系是如此的融洽，我们拥有人和。随着学校周围新楼盘的开发，生源不是问题，学校规模会越来越大，现在的关键是我们要不断提高教学技能，增加自身底蕴，积累教学经验，更重要的是修行师德。只有这样，浑南二校才能出众出彩，才能在今后的竞争之中立于不败之地！

读书，读出了团队精神和气势。

英语组杨艳老师读《澡盆鸭漂洋记》的感受是：团结力量大！

团结力量大！

在三年级英语教材中，英语单词共有85个，全班几乎每个同学都能背诵所有的单词了。我先选出10个同学分别领读1个模块并负责教会全班同学。我还要求学生每天教会父母2个单词，孩子在家里同样需要学习的氛围，父母参与了，就有更多的机会了解孩子的学习情况，了解老师的良苦用心，能得到家长们的支持与理解，今后的工作会开展得更顺利。

团结力量大！在庆元旦联欢会上，我们一行8人为大家表演了节目。这个节目是上场人数最多的，时间紧，任务重，排练时大家都自觉安排好各自的工作，并精心准备道具。张海燕老师自备了绣花鞋，张凤阳老师自带了毛巾、套袖，刘竞老师自制了感叹号，乌兰戴上了白胡子，王艳婷向妈妈借来了衣服，为了演老奶奶的假牙，她一共吃掉了4块巧克力，周颖这么爱漂亮的女孩不惜破坏形象，做夸张、滑稽的动作，婷婷、项嘉更是绞尽脑汁，十八般武艺全用上了，就是想让大家开心，在笑声中忘记烦恼。

团结力量大！在英语教研组，我年龄大一点儿，我就是鸭姐姐，带领三个鸭妹妹共同前进。不管生活还是工作，我都会把我的经验教训毫无保留地告诉她们。一个人的力量是微小的，一个团队的力量是无穷的。在我们筹备圣诞Party时，得到了教导处孙主任的大力支持，高建帮助排会序，扮演的圣诞老人更是把晚会推到了高潮，受到学生们的热烈欢迎。音乐组提供了场地、小黑板，美术组发挥特长，又画又写，后勤也有求必应，体育组的男老师们早饭都顾不上吃帮助我们吹了近百个气球。两位校长亲自到场为我们加油！没有大家的帮助，这么短的时间内，光靠英语组是做不到的。

6

团结力量大！浑南二校好比大海，亲爱的同事们犹如一只只可爱的小鸭子。有时，我们会在风景如画的海边玩耍；有时，我们会在狂风暴雨中四处逃散；有时，我们会在海上浓浓的大雾中迷失前进的方向。丛校长就像一只鸭妈妈，在我们玩耍、嬉戏时轻声说：孩子，注意安全。在我们惊慌失措时，张开双臂大声说：孩子，别怕。当看到我们迷茫的眼神，会紧紧拉着我们的手，带着我们走向胜利的曙光。

正如培根所说："阅读使人充实，会谈使人机敏，动笔使人精确。"真正的学校必须有书，真正的教师必须爱好读书。读书与写作更是教师积淀文化底蕴的两大基本功。教师之患在不好读书，读书之患在不好动笔。写作是思想的结晶。劳动给生命之灯添油，而思想把灯点燃。如果说文化底蕴是教师专业发展甚至是一个学校持续发展的瓶颈，那么阅读与写作带来的精神滋养使教师和学校共同发展之路越走越宽广。

在浑南二校老师们中间，阅读与写作因坚持而成为一种习惯，阅读与写作因习惯而成为一种生活方式，这样一种生活方式的选择，必将使人走向高贵。而所谓的高贵，无非是尊重自己内心所认可的一切，并为社会创造价值。

八、万卷书屋

“一种热爱书、尊重书、崇拜书的气氛，乃是学校和教育工作的实质所在。一所学校可能什么都齐全，但如果没有为了人的全面发展和丰富精神生活而必备的书，或者如果大家不喜爱书籍，对书籍冷淡，那么，就不能称其为学校。一所学校也可能缺少很多东西，可能在许多方面都很简陋贫乏，但只要有书，有能为我们经常敞开世界之窗的书，那么，这就足以称得上是学校了。”（苏霍姆林斯基著，赵玮等译. 帕夫雷什中学. 北京：教育科学出版社，1995. 28）正因为如此，但凡学校，无论大小，都建有图书馆。2007 年的最后一个工作日,丛校长来到每个班级，向老师和孩子们问候新年，在一间教室里，丛校长问孩子们最喜欢学校的什么地方，“万卷书屋!”几乎是异口同声，又走了几个班，仍旧是相同的回答。这个“万卷书屋”，就是二校的图书馆。每个学校都有图书馆，二校的图书馆何以就成了孩子们最喜欢的地方了？

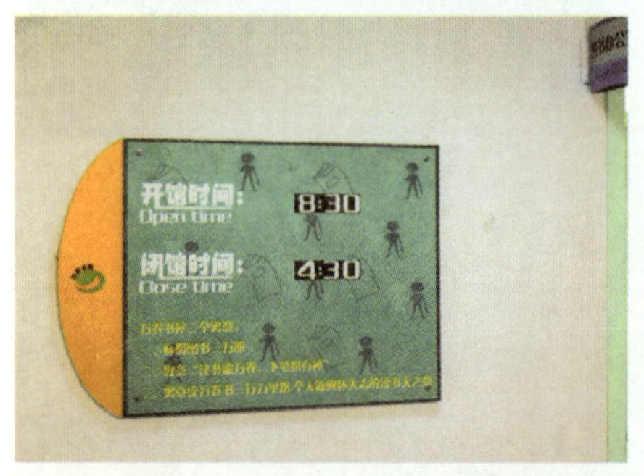

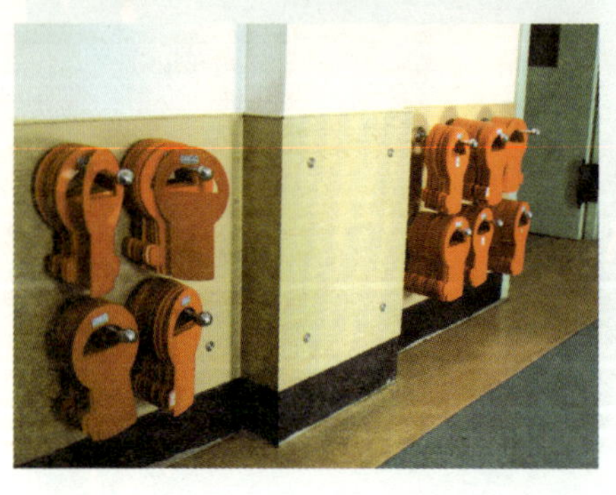

图书馆位于教学楼一楼的最东侧，呈现出一个扁平的“T”字形格局，三面都有对外的通道，占地 465.35 平方米。关于图书馆，我和两位校长聊了整整一个晚上。

我们的学校必须有人气，这是丛校长常说的一句话。学校最大的人气来自家长。二校的家长都是学校的近邻，大多是学校附近楼盘回迁的失地农民和外来务工人员，他们的朴实让人感到温暖。第一次开学典礼，一位老师的高跟鞋卡在了地砖缝里，往外拔的时候，鞋跟儿居然掉了下来，这可怎么办？站在一旁的家长看见了，二话没说，拿起鞋，在板凳上三下两下愣是把鞋跟儿给砸进去了！越是平民聚居地区的百姓，越是对学校充满了信任和期待，越是需要学校的尊重。2006 年 11 月 30 日，浑南二校举行了第一次家长开放日活动，学校对家长全面开放，家长听课，观看大课间，听校长讲话做报告。大多数家长对学校各项设施还不够完善表示了足够的理解，对学校充满了信任，在对学校办学的建议一栏中，有家长干脆写道：“学校有学校的看法和做法，我相信学校。”有些家长直言不讳：“校长您好！我代表其他家长向您提两个建议，我们都认为孩子的桌子有些高，和椅子不成比例，还有冬天孩子的衣服太厚了，放到椅子后面加上书包，孩子们就没有多少坐的地方了。”“通过公开课，发现学生抽屉太窄，书包只能放在椅子上面，占据了一定的位置，学生坐起来特别不舒服，影响写字姿势，会造成视力下降，希望校领导有好的方法解决。”“建议各班设立一个放外套的衣柜，因为孩子把衣服放在座位上时，书包也放在上面，坐着不舒服。”“希望有自己的食堂。”学校充分考虑了家长的意见，为孩子们每人做了一个小柜子，并办起了自己的食堂。二校的家长为浑南新区的经济建设作出了贡献，学校能为家长做些什么呢？新区居民的生活随着新区经济的发展有了很大的改善，为了使这些勤劳朴实善良的人们在生活逐步实现城市化的同时，个人素质、生活习惯、家庭教育观念也得到同步的提升，为了使他们的孩子成长为新区有知识有文化的新一代居民，为了在学校与家长之间建立更加密切的联系，学校决定为学生和社区打造一个“书香校园”，进一步凝聚人气，并把“读书”作为学校持续发展的动力。

“万卷书屋”从着手设计到工程招标到组织施工到图书上架开馆，

历时 10 个月！老师们戏言，这是孕育一个小生命的时间，而为之付出的一切努力现在看来都那么值得，因为这个拥有近三万册图书，具有借书、阅读、上网功能，在理念上体现“开放”，在形式上追求“可视”效果，色彩淡雅，给人以恬静之感的图书馆，的确堪称精品。

“万卷书屋”的设计和施工颇费了几番周折。按照原来的设计，现在图书馆的位置是舞蹈教室，并特别安装了地热，图书馆被安排在三楼，从校长上任后，极力说服上级领导，将图书馆的位置改在了一楼，不仅考虑到承重的问题，更因为她看好了一楼得天独厚的位置，按照她的构想，除了那间大教室，还要把教室外面那段南北走向的走廊也扩充进来，这样可以大大地增加图书馆的使用面积，面积大了，想象的空间自然就大，设计上就会更加游刃有余。从校长一心要把图书馆做成学校的特色，在从校长的心目中，图书馆要能让人静下来，所有的图书要开放式摆放，要适合任何人出入，方便地取书，要尽量容纳更多的人来看书，要拓展图书馆的功能和服务对象，向家长和社区开放，让学生、教师、家长、社区共同分享学校教育资源。

说起来容易，做起来难。把走廊纳入进来，要砸掉七道墙！尽管技术上不是问题，但新区有不成文的规定，楼房建好之后，一律不得再进行二次拆改。从校长与主管部门商讨多次，都被婉言拒绝。眼看着“十一”长假这段黄金施工期一天天过去，从校长心急如焚，但坚持最初的想法不动摇。上级不表态，她也不妥协，每天都要请示一遍，每次都要不厌其烦地把自己的想法说上一遍。一边请示，一边着手组织设计。为此，从校长还专程到外地的 5 所学校进行了参观学习。从名字到 LOGO，从基础色调的选择，到每一个书架的高度、尺寸、样式、颜色、用材，每一个小展台的几何形状、颜色搭配，每一张小书桌的高矮，反复酝酿、讨论、琢磨、对比，设计方案几易其稿，看过的效果图，比照过的色卡不计其数，精心设计每一个环节，精细到了每一颗螺丝钉。漫长的等待除了更加坚定了丛校长一班人决不放弃的信心，更成就了一个近乎完美的设计方案。这期间，除了不间断地对设计公司提出种种苛求，图书馆的大号“万卷书屋”也在广泛征集中诞生了。万卷书屋，表明拥有藏书3万册，取意“读书破万卷，下笔如有神”，寓意“读万卷书，行万里路”，做胸怀大志的读书人。“万卷书屋”这个名字给人的感觉很简单，那就是“大气”。

2006年11月，设计大功告成，拆墙也终于得到了默许。当时学校里所有的收尾和装修项目包括食堂全部停了下来，施工队集中人力开始拆墙，图书馆的建设成为学校的头等大事。那些墙的打破，似乎颇有些象征意味，仿佛是拆掉了长久以来横在家长和学校之间、学校和社区之间的隔膜，丛校长一心让家长走进学校，一心让学校融入社区，一心打造精品的执著，还有不惜碰壁与权威进行马拉松式的“较量”，也很是耐人寻味。接下来是最能考验耐心的招标，可是结果让人哭笑不得。全程参与设计的那家公司严格按照用户提出的质量要求核算成本参与竞争，却未能中标，而以学生课桌椅制作为主营业务的中标者面对学校提出的设计方案和要求竟然面露难色，坦言不是长项，做不了这样的“活儿”。学校始终坚持原来的设计不变，中标者终于非常大度地主动“退出”。谈及此处，丛校长感慨地说，“还是好人多!”生意做成的，没做成的，都成了好朋友。与二校同时起步设计建设的另一所学校的图书馆进展迅速，丛校长虽然感到压力很大，但依然坚持精雕细刻。图书馆建设的那些天，两位校长每天都要去看，看得比自己家装修都仔细，关注着每一个环节，哪怕有一丁点儿的地方与设计不符，都要重新返工。

与施工同步进行的是图书的采购。新区一次性给二校拨付 40 万元用于图书购置，这是一个令人兴奋的数目。如何用好这笔经费，丛校长也是颇费了一番心思。

第一次采购，全体教师“集结”在新华购书中心。2006 年初冬的一个周末，中午 12 点，二校的全体教师来到新华大厦，按照所教学科和工作岗位来到不同的楼层，开始挑选自己喜欢和需要的书。庆文副校长告诉我，刚开始的时候老师们不敢拿，美术老师跑来说美术方面的书都太贵了，她毫不犹豫地告诉他，“别忘了你是鲁迅美术学院毕业的大学生，一定要挑选你有用的！”小伙子开心地笑了，“我从来就没舍得买过这样的书！”英语老师问可以选光盘吗？还有的老师问可以买《百家讲坛》吗？可以买《鲁迅全集》吗？体育组的老师试探着问：“武侠的书可以买吗？”得到的回答是，当然可以！金庸、古龙的都要买，而且必须要成套的！没错儿，作为最基本的阅读选择，文学作品是使一个人养成阅读习惯的最佳切入点，不读文学作品的群体，恐怕更不会读历史、哲学和法学著作。当老师们兴奋地把那些散发着墨香的图书一摞一摞地从货架上抱到购物车里时，周围的读者向他们投来无比羡慕的目光。在此声明，“集结”之前，学校专门请新区用书办的主任对老师们进行了简单的常识性培训，二校从来不打无准备之仗。还有一个小秘密，为什么把集合的时间设定在中午12 点？答案很简单，中午不用管饭。年轻人周末睡懒觉起得晚洗洗涮涮吃过早饭赶到书店正好中午，挑上三四个小时再趁天没黑回家。上午选，午饭没法儿解决；下午选，又怕时间拖得太晚黑灯瞎火的回家不方便。丛校长说，当时学校实在是没有钱。语气里满含着歉意。我想，老师们没有一个会为此在意的，因为他们得到了最宝贵的东西，不仅是爱不释手的图书，还有信任，更有作为主人的权利。

第二次采购，2006 年 11 月 16 日，全体学生、部分家长代表在全体教师的陪同下，“集结”在沈阳最繁华的图书大厦“北方图书城”。这一次选书的主角是孩子和他们的家长。临行之前，学校在全体学生中搞了一个小调查，“除了教科书和辅导资料，你家里有多少本书？”“你去过北方图书城吗？”调查结果不容乐观，很多孩子不仅家里没有多少藏书，而且根本没有去过北方图书城或者其他的大型书店。对比原来工作过的学校，浑北浑南虽然仅一河之隔，但孩子们的信息量相差悬殊。这让丛校长下决心组织孩子和家长一起去选书。在选择购书地点的时候，有的老师提出去位于长青街的一个书店，理由是那里距离市中心较远，人少，又大，更安全一些，便于管理学生。丛校长头一次坚决地否定了别人的意见，一定要把我们的孩子从浑南带到浑北，带到这个城市最繁华的地方！让孩子们开眼界长见识。学校租了 10 台大客车，每班一台，出发时，一些因事不能同去的家长在校门口给“出远门儿”的孩子们送行。当大客车驶上浑河大桥时，孩子们竟然兴奋得站起来，呼喊着：“啊！桥！”那一声声的呼喊，在老校长的心里激起层层涟漪，从此更加坚定了她的一个信念，就是要给孩子们创造更多

的条件和机会，让孩子们走出校门，亲身感受这座城市，感受日新月异的生活。那之后，学校多次组织校外活动，去植物园，去动物园，去海洋世界，去滑雪场，去博物馆，去可口可乐公司，去奥体中心，去新区管委会办公大厦……“那您不担心学生的安全吗？孩子们丢了怎么办？”我问了一个很现实但也很幼稚的问题。丛校长没有回答。一个负责任的校长自然懂得怎样保护自己的学生，一个负责任的校长更不会以安全为借口把孩子们整天关在校园里。她只是继续向我娓娓道来。为了使这次“携手北图共享书香”的实践活动收到实效，活动之前，对学生进行了相关知识的培训，学校分别为低年段、中年段和高年段的学生设计了调查表，活动结束后，每个孩子都要完成这份小小的调查报告，低年段的任务很简单，中年段增加了了解图书种类和推荐图书，高年段要求学会查找图书基本信息，作者、出版社、分类号、ISBN 编号等，蛮专业的。寒假期间，我翻阅了各个年级共229份调查报告，想象着几百个孩子同时涌进书城的场面，一定是“相当的壮观”！在调查报告中，孩子们用歪歪扭扭的字迹表达了内心的喜悦，家长们则希望学校多组织课外活动，对学校寄予了更多的期待。“万卷书屋”为家长专设了一个阅读区，那里全都是他们亲手挑选的家庭教育书籍，也是他们平时借阅最多的书籍。

第三次采购，2007年1月23日，全体教师、部分学生和家长代表“集结”在沈阳书库。这一次，主要是在前两次购书的基础上进行补充，使图书种类更齐全。

三次大“集结”，全校师生和家长为“万卷书屋”采购工具书370种，音像资料204种，图书17936种，近3万册。这是一组足以让人自豪的数字。其实，三次大“集结”的收获远远不止是这些书，除了教师，学生和家长同样从学校的信任中收获了作为主人的一份自豪和满足。

2007年初夏，“万卷书屋”大功告成，近3万册图书上了架。但孩子们读书习惯的养成却不是一声令下就能解决的。所以，学校成立之初，在图书馆连个影儿还没有的时候，就购买了两万元的图书，在学生和教师中间策划开展了读书活动，还动员家长读书、写读书笔记。当时，没有图书馆的二校人提出的口号是：“今天你读书了吗?”最初在二校的资料室看到一摞一摞装订成册的家长读书笔记，我是心存疑惑的，家长真的愿意写吗？后来当我把其中的一部分拿回家一一拜读之后，才深信不疑。丛校长告诉我，刚开始的时候，家长也有不同的想法，有一天她收到一位家长的短信，“校长，让家长写读书笔记不大合适吧?”丛校长便反复向家长解释，请家长读书、写读书笔记，目的是希望家长给孩子做个样子，让孩子看到家长也在看书，家长从学校借回一本书，如果实在没有时间，可以不仔细看，翻翻就行，只要能做到向孩子提一个和这本书相关的问题，或者照着抄录一段就可以了。为慎重起见，家长的读书活动先从少数家长开始进行试点，逐渐扩大，渐渐的，很多家长对于借书、读书、写读书笔记这种已经很久没有做过的事情开始习惯了，学校便顺势提出了明确的要求，每个学期每位家长至少写一篇读书笔记。现在，学生、教师和家长共同读书已经成为二校的一大特色，“社区共享、亲子读书、书香家庭”的理念深入人心，在短短一年半的时间里，学生、教师、家长撰写的读书笔记积累起来已近万余篇。在每个班级，黑板上方“做胸怀大志的读书人”一行大字时时激励着每个孩子，也成为每个孩子的奋斗目标，大气，知书达理，不输给城里的同龄人。班班有读书手抄报，人人争当读书小明星。每逢节日，二校的老师、学生、家长都要完成一个共同的作业：读书。每个班都有两名小图书管理员，他们是图书馆老师的小帮手。可别小瞧了这些孩子，他们可都是“先培训后上岗”的，开馆之前，先组织学生熟悉环境，并组建了学生图书修补小组。“万卷书屋”还有自

己的小讲解员，图书馆真正交到了孩子们手中。二校开的最多的会就是读书交流会，学生读书交流会，教师读书交流会，家长读书交流会……。2007 年 9 月末，浑南新区未成年人读书节在浑南二校举行。新区其他中小学的校长、教师和学生代表都来了，新华购书中心有感于二校组织全体学生、教师和家长选书之举，专程赶来向学校赠书。读书节上，二校选出 10 名教师代表、10 名学生代表，每人用 30 秒的时

间说出自己的读书感受。二校的家长们也登上讲台，向来宾介绍了他们的“五小”经验:“小投资,小书架,小窍门,小计划,小收获”。

“小投资”家长说：“我家孩子上小学三年级了，自从去年转入浑南二校，他就喜欢上了读书，我们家也开始了新的生活。记得去年的一天，我去学校接孩子回家，孩子跟我说要买书，使我感到很吃惊，因为我都好多年没买书了，更不用说去看书，这使我感到很惭愧。我的家庭收入并不高，宁可大人少花点儿，只要孩子说想买书，只要是有用的，我就给他买。记得给他买的第一本书花了8块多。现在每月都要买一本书。对于年轻的父母来讲，我们的孩子学习才刚刚开始，我们做父母的要鼓励孩子去看书。给孩子买书，是给孩子的人生投资，给孩子的幸福投资，希望我的孩子长大能成为一个胸怀大志的读书人。”

“小书架”家长说：“我家有个小书架，书架的上层是他爸爸爱看的武侠小说，中间一层是孩子喜欢看的故事书，下层是我的食谱和保健书。每天晚上我们全家人都要坐在一起看自己喜欢的书，其乐融融。孩子在学校有“万卷书屋”的‘大书架’，在家里有‘小书架’，孩子和书成了好朋友，希望我们所有的家长快快行动起来，让我们家家都有小书架，人人成为读书人。”

“小窍门”家长说：“我是一年级的家长，我的孩子特别爱读书，这是因为我家有读书小窍门。孩子还不识字时，我读给他听，时间长了，有了兴趣，他好像认字的样子读给我听。识字以后，我们就分角色朗读童话故事，有时还要表演。孩子好奇心强，总是问为什么，于是我就把问题积累下来，和孩子一起读书，到书中寻找答案。现在，我是孩子读书路上最好的伙伴了。”

“小计划”家长说：“浑南二校要求师生、家长共同读书，为此我们全家为孩子制定了一个小小的读书计划，每天清晨，督促孩子坚持大声朗读十分钟，晚上利用睡前时间坚持读书半小时，星期天全家一起去图书城。自从“万卷书屋”开放以来，我和孩子读书的机会多了，我们已经深深地爱上了读书，读书成了我们每天必不可少的精神食粮。我相信，只要我和孩子坚持不懈地读书，读好书，书会成为我们最好的朋友，我们的家也会成为书香型家庭。”

“小收获”家长说：“现在很多孩子热衷于电视、网络游戏，家长束手无策。浑南二校开展营造书香校园提倡亲子共读活动，我的心里别提有多高兴了。不管多忙，我每天都会抽出时间和孩子一起读书。读《爱的教育》，孩子说我越来越像他的大朋友了，读《扫烟囱的孩子》，我发现孩子越来越有爱心，越来越懂事了。读书让我得到了育儿的好方法，读书让我得到了一个好孩子，读书让我们全家看到了美好的希望。”

值得说明的是，“五小”经验，并不是学校设计包装好了交给家长让家长上台“作秀”，“五小”经验是家长的真实感受。

记得曾在《参考消息》上读到这样一则消息：墨西哥研究人员爱德华多·安德雷走访了19个国家的众多学校，最终认为，促进教师、学生和家长之间建立紧密联系，是最有效的教育模式。他为此所著的《世界最佳教育模式》2007年10月11日在墨西哥城出版。他在书中与读者分享了他在19个国家的经历。他选取了多个被认为是教育大国的国家作为例证，其中包括芬兰、瑞典、法国、英国和捷克等。他强调，所有教育大国寻求的都是通过家长的协助和校方的引导，培养学生的自主能力。

2007年“十一”黄金周前，二校给全体家长写了一封信。

致家长的一封信

尊敬的各位家长：

你们好！

时值国庆佳节，祝您与您的家人节日愉快！

金秋时节，气候宜人，大自然好似一幅色彩斑斓的风景画。平日忙碌的您能够利用假期携子游玩，将是多么幸福！孩子会开阔视野，增长见识，获得书本上得不到的知识。

“亲子共读”“书香家园”是我校向家长朋友发出的号召，学生每人都从“万卷书屋”借阅了书籍，您也可以到学校借阅书刊。与书相伴，会让您与孩子共浴书香，享受精神食粮。

相信您一定会督促孩子科学合理地安排“黄金周”的作息时间，每天运动一小时，做“阳光少年”，每天大声朗读课文，每天坚持背诵英文。刚刚结束了质量检测，正是发现问题、解决问题、牢固基础的好时机。

相信您与孩子一定会做到“文明出行、安全第一”，做遵守社会公德的好公民。

祝节日愉快，事事顺心！

浑南二校

2007 年 9 月 30 日

附：给孩子们的小建议（请家长读给小朋友听，谢谢！）每个年级不一样。

1. 看书吧！可有趣了！把可爱的形象设计成小书签多有意思啊！你也会被学校评为“小设计师”。

2. 希望你多练习跳绳，这可是有益大脑发育，让你更聪明的体育运动。

3. “良好的开端是成功的一半”，我们上学了，一定多动笔，写一写，多动口，读一读。

4. 学会一件自己力所能及的家务事，做个好孩子。

5. 节后上学了，把你“最快乐”的一件事讲给大家听，讲得好，老师还会为你准备一份奖品呢！

（此信节后反馈给班主任老师，谢谢合作！）

这封印在8开纸上的信，留出四分之一的空白请家长填写反馈意见。我翻看了近百份家长反馈意见。家长们写道：

“通过这几天长假和孩子在一起，发现孩子比以前有了很大的进步，比以前爱学习，字迹工整了，比以前有礼貌了，自己能洗脸，穿衣服，能刷牙，进步太大了。”

“学校为孩子做了很多事，不怕麻烦，不怕辛苦，在假日也没忘记孩子，在百忙中抽出时间给家长写信，我非常感动，谢谢学校，谢谢各位老师。希望学校越办越好。”

“班主任老师，对于学校在国庆节期间给家长的一封信中的要求和节日问候，我们深表感谢，并大力支持，同时对孩子进行了安排，今后我们将和您一起努力，为孩子将来的发展打下坚实的基础。”

“开学一个月了，孩子在进步，从孩子幼稚的小脸上，看得出她很喜欢浑南二校，喜欢她的老师、同学。希望浑南二校越办越好。孩子的成长和进步，离不开老师的教导和爱护，老师您辛苦了！”

“通过这个小建议，让孩子度过了一个愉快的节日，孩子更爱学习，更积极主动做力所能及的小事，更热爱运动，喜欢看有趣的书。感谢老师的教育培养。”

“感谢浑南二校，不但为我的孩子提供了优越的学习环境，还为我们家长提供了一个能和孩子共同学习的空间——万卷书屋。”

“非常感谢您这段时间对孩子的关怀和教导。看到他的进步我很高兴，也非常欣慰。能遇到您这样负责任的老师是孩子的福气。我现在在农村从事农业，很多事情脱离不开，很少抽出时间来照顾孩子，对他的关心也很少，我心里感到很愧疚。相信将来会有转变的一天！所以请您在这段时间里多多费心，争取培养他成为品学兼优的好学生。”

“‘十一’这几天的假期里，孩子过得非常充实。我们去旅游了两天，回来又去探望了长辈。10 月 4 日孩子领着家长又参观了学校的图书馆和电脑室，看到了学校的万卷藏书。在休息和游乐的同时，孩子也完成了作业，没有耽误学习。谢谢老师对孩子的不懈教导，相信在老师和家长的共同努力下，孩子会健康成长。”

“前段时间工作忙，忽略了对孩子的教育，希望您能谅解。作为家长，我深知对孩子的教育是学校和家长的共同责任，因此，我会全力配合学校和您，做好对孩子的教育和管理。”

从家长的反馈中，我们能够感觉到“万卷书屋”的人气指数确实不低。在孩子们亲手撰写的校本教材中，对“万卷书屋”也做了充满感情的描述："来到走廊，你就会看到一本打开的大书：'让读书成为习惯，让心灵沐浴书香'，这也正是一楼的主题'书'。走到这里，你就会感到有一种力量在拉着你向前进，这是一种知识的力量，知识的力量大于一切。推开'万卷书屋'那扇充满知识的大门，我看见了'开卷有益'4个醒目的大字，让我懂得博览群书的重要性。我拿起了一个钥匙形状的代书板，哦，原来它也有含义，是帮助我们开启智慧的大门。对了，我们学校还有独特的家长读书区，拥有上千本图书。向里走，有一排靠墙的书架，他们分别按书内知识的深浅从多到少排列起来，最靠里的是适合学龄前儿童读的图书。它的旁边有一面大大的文化墙，文化墙的上面有一个问号和一组省略号，问号是说，让我们带着问号走进知识的海洋，也正因为如此，我校"万卷书屋"的标志就是一个变形的逗号，这是语文书中最常出现的一个符号，也是使用最多的一个符号，它寓意着书是永远都读不完的。"我想，丛校长读到这段作文，一定会倍感欣慰。

和任何一项学校后期建设项目相比，工期最长的"万卷书屋"倾注了老校长最多的心血。在2007年的述职报告中，丛校长写道："面对内部清白如洗的教学楼，大量硬件设施需要购置，图书馆和专用教室需要设计装修等一系列问题接踵而来，摆在我面前的一个原则性问题是，差不多就行还是精雕细刻，是顾眼前利益还是为长远打算，是快而好，还是好而快？我选择了后者。"请注意丛校长在修饰"问题"时使用的定语"原则性"，这3个字彰显了一个教育家高度的责任心。

关于万卷书屋，我的笔无法描绘出它外在的美和内在的神韵。整整一个晚上的交谈，我深切地感受到，读书活动的策划、实施和坚持，图书馆的设计、建设和使用，既是浑南二校"四园"办学理念生成、完善、坚定的过程，也是二校人对"四园"办学理念的精彩诠释；读书活动的策划、实施和坚持，图书馆的设计、建设和使用，一直拉动着学校的发展和整体办学水平的提升；读书活动的策划、实施和坚持，图书馆的设计、建设和使用，是学校发展的历程，是学校和家长共同奋斗的历程，更是老校长开创新业的心路历程。

万卷书屋，浑南二校的代表作。每一个二校人都是作者。

开放、创意、责任、关怀、精益求精、决不轻言放弃，一座书屋的背后，深藏着的是一个学校的精神特质。

“携手北图、共享书香”活动调查表（一、二年级）

<table>
<tr><td colspan="4">活动主题：携手北图、共享书香</td></tr>
<tr><td>活动地点</td><td>北方图书城</td><td>活动时间</td><td>2006 年 11 月 16 日</td></tr>
<tr><td>班　　级</td><td></td><td>姓　　名</td><td></td></tr>
<tr><td colspan="4">你走进北方图书城时的心情：</td></tr>
<tr><td colspan="4">你最喜欢的书：</td></tr>
<tr><td colspan="4">这本书的作者是：</td></tr>
<tr><td colspan="4">这本书的主人公是：</td></tr>
<tr><td colspan="4">你是否喜欢这次读书活动：</td></tr>
<tr><td colspan="4">说一说在这次活动中，你都看到了什么？</td></tr>
<tr><td colspan="4">画一画你心中的北方图书城：</td></tr>
<tr><td colspan="2">教师寄语：</td><td colspan="2">家长意见：</td></tr>
</table>

“携手北图、共享书香”活动调查表（三、四年级）

<table>
<tr><td colspan="4">活动主题：携手北图、共享书香</td></tr>
<tr><td>活动地点</td><td>北方图书城</td><td>活动时间</td><td>2006年11月16日</td></tr>
<tr><td>班　　级</td><td></td><td>姓　　名</td><td></td></tr>
<tr><td colspan="4">图书总数：</td></tr>
<tr><td colspan="4">图书种类：</td></tr>
<tr><td colspan="4">你走进北方图书城时的心情：</td></tr>
<tr><td colspan="4">你最想读的书：</td></tr>
<tr><td colspan="4">写出中国古代四大名著的名称：</td></tr>
<tr><td colspan="4">你最想推荐给伙伴的书：</td></tr>
<tr><td colspan="4">你最想推荐给老师的书：</td></tr>
<tr><td colspan="4">你最想推荐给家长的书：</td></tr>
<tr><td colspan="4">你是否喜欢这次读书活动：</td></tr>
<tr><td colspan="4">这次活动中，你感受最深的是什么？</td></tr>
<tr><td colspan="4">活动过程中，在书中找出你最喜欢的一句话，摘抄下来。</td></tr>
<tr><td colspan="4">你最难忘的一幕：</td></tr>
<tr><td colspan="2">教师寄语：</td><td colspan="2">家长意见：</td></tr>
</table>

"携手北图、共享书香"活动调查表（五、六年级）

<table>
<tr><td colspan="4">活动主题：携手北图、共享书香</td></tr>
<tr><td>活动地点</td><td>北方图书城</td><td>活动时间</td><td>2006年11月16日</td></tr>
<tr><td>班　　级</td><td></td><td>姓　　名</td><td></td></tr>
<tr><td colspan="4">图书总数：</td></tr>
<tr><td colspan="4">图书种类：</td></tr>
<tr><td colspan="4">你走进北方图书城时的心情：</td></tr>
<tr><td colspan="4">你最想读的书：</td></tr>
<tr><td colspan="4">写出中国古代四大名著的名称：</td></tr>
<tr><td colspan="4">你最喜欢的人物传记：</td></tr>
<tr><td colspan="4">你最想推荐给伙伴的书：</td></tr>
<tr><td colspan="4">你最想推荐给老师的书：</td></tr>
<tr><td colspan="4">你最想推荐给家长的书：</td></tr>
<tr><td colspan="4">你是否喜欢这次读书活动：</td></tr>
<tr><td colspan="4">以《西游记》为例，调查下列信息：
作者：
出版社：
分类号：
ISBN编号：</td></tr>
<tr><td colspan="4">你最大的收获：</td></tr>
<tr><td colspan="4">你最难忘的一幕：</td></tr>
<tr><td colspan="2">教师寄语：</td><td colspan="2">家长意见：</td></tr>
</table>

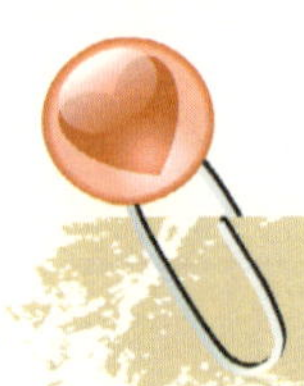

九、一并寄出的两封信

寒假期间，有幸和丛校长一起被某地邀请为其校长竞聘活动当评委。竞聘演讲答辩会上，丛校长曾向一位竞聘者提出这样一个问题，“如果你是校长，在新学期开学的第一天，你会对全校师生说些什么？”我当时就想，她会说些什么呢？我一定要去参加二校春季新学期的开学典礼。

3 月 3 日，星期一，沈阳市所有中小学在这一天正式开学上课。为了赶上在早晨 7 点 40 分举行的开学典礼，

我不得不又起了个大早，从城北奔向浑南。一到校门口，就看见丛校长站在教学楼前，亲切地招呼着重返校园的孩子们。刚刚见面不长时间的我们，只是简单地握了握手，我们之间，早就省略掉不必要的寒暄，她只问了我一句“吃早饭了吗?”就忙不迭地告诉我这学期又来了 38 个孩子！二校的在校生已经从最初的 300 人增加到 500 人。这当然是最好的消息。把假期从学校资料室借阅的 10 来袋材料送到校长室，我们就一起下楼来到室外。教学楼前的空地上，孩子们已经按班级集合完毕。参加典礼的除了全体师生，学校还邀请了新入校学生的家长和社区代表。

7 点 40 分，开学典礼准时举行。在主题为“你我小目标，共迎大奥运”的典礼上，丛校长和孩子们一起翻开了奥运倒计时牌新的一页，第 158 天。那天的升旗手专门安排了二校的奥运小福娃，也就是在浑南新区中小学奥运知识竞赛中为学校赢得团体一等奖的 5 名同学。伴着雄壮的国歌，5 个小福娃将五星红旗徐徐升起，我扬起头向国旗行注目礼，正好迎着朝阳，在蓝天的映衬下，我们的国旗格外耀眼夺目。若不是经常可以参加学校举办的一些活动，还真没有什么机会感受这份庄严。紧随其后的程序是升校旗、唱校歌，《大爱无疆》又一次回荡在校园里，驱赶着北方漫长冬季里最后一丝寒意。在五星红旗下，丛校长对全体师生说：

新学期，对于我们每个人来说，就像是手中刚刚拿到的教科书一样，散发着油墨的清香，崭新崭新的。虽然现在还不知道这本奇特的书里面讲述了什么神奇有趣的故事，但在那整洁的封面上，却已经写满了爱的祝福。只要我们用每一天的真诚和努力，认认真真地读完这本书，你一定会发现一个秘密，这秘密就是：生活中充满了爱，生活是这样美好。而这美好的生活，需要我们老师和同学们共同努力、亲手创造。新的征程，让我们带着问题前行，思索行动中自己给自己一个答案：

第一，这学期，你的奋斗目标是什么？第二，这学期，你想获得的进步是什么？第三，这学期，你会为此做出哪些努力？第四，这学期，你准备怎样让自己更快乐？

生活在二校的 500 多名师生，要不忘“爱”的校魂：爱祖国，忠贞不渝；爱学校，细致入微；爱工作，讲究效率；爱学习，勤奋有法；爱他人，宽容合作；爱自己，乐观负责。师生共建爱的平台，把二校变成爱的花园；家校、社校共搭爱的平台，把二校变成爱的海洋，用实际行动践行二校爱的宣言。

在充满朝气的新学期里，让我们心手相牵，共同成长。祝老师们享受教育，采撷阳光！祝同学们学习进步，茁壮成长！祝愿我们全校师生人人树立一个新学期的新目标，向着目标努力，就一定会有收获。

大队部率先提出了小目标，并向全体学生、家长、老师和社区公民发出倡议：

践行“绿色奥运”，人人做到在学校要爱护我们的校树、爱护我们的班树，在社区不踩踏一草一木；回收自己用过的草纸、电池；向朋友、家人、师长宣传不用塑料袋，减少白色污染从我做起；少用洗洁精，减少水的污染。

践行“人文奥运”，对自己的家人、朋友用英语来问好；每周学会一句奥运英语；排队上车，不喧哗，主动让座；留心身边的每一个错别字。

践行“科技奥运”，认真学习，自己和自己比，成绩提高一步；每人查找关于（沈阳）奥体中心的一条信息；学会登录北京奥运官方网站，查找关于奥运方面的知识，加深对奥运会的了解。

让我们大家行动起来，从我做起，从现在做起，从实现我们每一个小目标做起。我们每迈出的一小步，就是我们二校迈出的一大步，让我们用自己的行动来迎接北京奥运会，迎接新学期。

响应大队部的宣言，每个班级都不甘示弱，从一年级到六年级，一个一个地大声喊出自己班级的奥运宣言，此起彼伏。

新学期，除了 38 名学生，还有 5 名老师加入到这个大家庭。那幅已经写满了“爱”的长卷再次展现在大家面前，所有的新生和他们的家长，还有 5 名新教师，在热烈的掌声中，走到长卷前“牵手写爱”。麦克风送来“画外音”：“‘爱’是我们的校训。写爱是我们对校训的认同和承诺，这将成为我校的传统。所有的爱意连同所有的爱心都将作为你我的精神财富，永久收藏。我们手牵手、心连心的时刻，请郑重写下你的爱，衷心地谢谢你的爱。”典礼的最后，全体师生齐声诵读“爱的宣言”：爱是永恒的旗帜，爱是永恒的信念，爱是永恒的追求，爱是永恒的誓言，做懂得爱的人，做会去爱的人，做奉献爱的人，做传播爱的人，每一行，每一言，从恒久到瞬间，每一年，每一天，从现在到永远……

原本打算在这里待上一整天，怎奈公务难逃，当我不得不匆匆忙忙地说再见的时候，丛校长告诉我，3 月 3 日是“国际爱耳日”，下午学校给学生安排了集体讲座，向孩子们介绍爱耳常识，预防耳病，让孩子们学会爱自己。听到此处，心头微微一震，想到自己就是因为严重缺乏耳病基本常识延误诊治造成部分听力永久性缺失……

3 月 5 日下午抽空到二校进行了三份问卷调查。3 月 12 日上午又到二校，饶有兴致地听了一节阅读训练课。课后丛校长告诉我，这学期学校要着手对一些课程进行整合，进一步增加学生参与社会实践的机会，把课堂延伸到社会，给孩子们一个更大的学习和生活的空间，让孩子们有更多的体验，获得更多的快乐。大课间，全体学生集合，听老师讲植树节的来历，然后手提水桶和小铁锹各自奔向自己的班树……。那天的风很大，但并不冷，春天就快到来了。

春天到来的时候，在校园的东侧，一座体育馆即将破土动工……

夏天来的时候，又一届毕业生将把自己的名字留在爱心墙上……

秋天到来的时候，又一群孩子将在这里牵手写爱……

冬天到来的时候，英语花还会再次盛开……

时光不老，爱的故事就会永远传诵。我知道，不论什么时候来到这里，我都会发现新的故事，有新的感受。尽管恋恋不舍，但我的写作终归要停下来，就让下面的两封信作为小小的休止符吧。

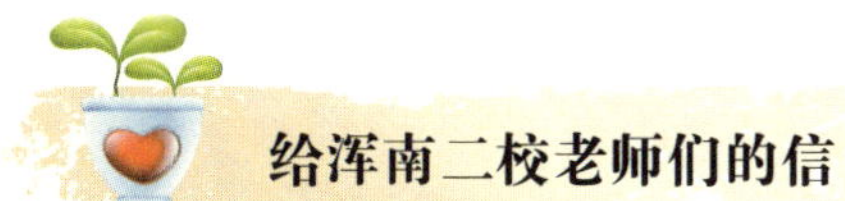

给浑南二校老师们的信

亲爱的老师们：

虽然我到过浑南二校很多次了，我们已经不再陌生，但因为时间的关系，我们的交流很有限，只能把我的心里话写在这里。

我最想说的是，我真的非常羡慕你们，因为你们是人民教师。我从初中开始，就向往这个称谓，立下志愿长大后要做一名教师。我在我的母校，沈阳铁路职工子弟第一中学，现在的沈阳铁路实验中学，读初中，读高中，入团，入党，度过了我一生中最美好的时光。母校的培育，恩师的厚爱，永世难忘。高中毕业，我考取了师范大学，一心要回到母校教书。但是，因为铁路中学当年还没有划归地方政府管理，要想分回到铁中就要搞到所谓的直调名额，就是不经过户籍所在地的教育行政部门，由大学直接派遣到用人单位，我没有弄到直调名额，计划经济的时代，也没有公开招聘竞争上岗这一说，所以，阴差阳错，我和教师这个称谓失之交臂。十几年了，有很多次，我心中都曾涌起辞去眼下这份工作，到学校去做一名教师的冲动，我自信我能当个好老师。但是，我没有足够的勇气，放弃一份如此安定的职业，丢掉这个“铁饭碗”，去拾起一份艰辛。理想，曾经激荡在我年轻的心中的那个理想，伴我成长、催我奋进的那个理想，连同我的青春一起被岁月无情地带走了，离我越来越远、越来越远。你们知道吗？坐在教室的最后一排，看着讲台上的你，我真想冲过去，夺下你手中的粉笔，过一过为人师的瘾！

我羡慕你们，因为你们中的绝大多数人，刚一参加工作，就能和丛校长这样有名望的教育专家一起创业，并得到她悉心的指点。不是每一个年轻人，都有如此的幸运，也许你们还没有意识到这一点。你们来到丛校长身边，就好比身在世界五百强。丛校长要求严，管得紧，你们很辛苦。苦一点，累一点，没有那么可怕。人生最可怕的其实是闲。明明白白的苦，比稀里糊涂的闲不知要强上多少倍。现在的苦，现在的累，能使你在今后的职业生涯中走得更稳，走得更远。误人子弟，是为人师者的大忌，说到底，误人，最终误的是自己。专家治校，专业引领，无形中使你站在了一个高起点，你的专业发展一定是事半功倍，少走弯路，实在是人生一大幸事！

我羡慕你们，还因为你们的人生可以有更多的选择。这个扁平的世界使人才的流动成为最自然不过的一件事，不会再有人把几十年如一日在一个城市、一个单位、一个行当谋生当作荣耀。你们中，有人注定会成为名师，也有人注定会离开这里。无论是留下，还是离开，浑南二校都会成就你的未来。你在这里养成的习惯、学到的方法、形成的态度、领悟到的真谛，是你终身的财富，会使你将来无论涉足哪个行业都是一名优秀的员工，都能让你成为最好的自己。你们的未来，就如同这本书中由你们亲手刮出的那一幅幅插页，神奇莫测，色彩斑斓……

和你们一样，我也喜欢阅读。我曾用了一整天的时间阅读你们的读书笔记，你们不仅教育了孩子，也教育了我。谢谢你们！在写作本书的过程中，我查阅了大量的资料，也读了一些书，《校长在塑造学校文化中的角色》一书给了我很大的启示，书中有一处感人的片断，请允许我摘录下来，与你们分享，也算是和你们一起交流读书笔记吧。

“老师和其他学校领导通常不知道自己曾经改变了一个孩子的人生道路，就算这种变化十分富有戏剧性，他们也不会察觉。但是对于孩子们来说，一切都不一样了。他们曾经认为自己蠢笨顽劣，就应该无人理睬，应该受到鞭打和蹂躏。但是一个好老师让他们改变了所有这些看法。遇到一位好的老师，孩子至少能感觉到‘她真的认为我还不错，也许我真的不错’。好的老师和好的学校领导在孩子们的生活中设置了小小的路标，并在岁月流逝中不知不觉地改变了数百人的人生道路。人们知道世界上存在各种各样恶意的阴谋之网，但是很少有人会想到还有一种用纯真和爱心编织起来的网，目的是为了彰显人性的力量，启发人性中善良的一面，而编织这种网的人永远都不知道自己实际上做了一件非常好的事情。”

我还有一个嗜好，就是喜欢看电影，尤其是国外的影片，经典大片、动画片都看，学校题材只要能找到的必看，有的电影看过不止一遍，还记得《哈里波特与密室》中，邓普利多曾对哈里波特说过这样一句话，“让我们成为哪种人的，并不是我们的能力，而是我们的选择。”我常用它勉励自己，现在请允许我把这句话送给你们，让我们以此共勉。

作为一个早已远离了校园生活的中年人，我还想告诉你们，在我记忆的深处，学校教育给我留下的，让我念念不忘的，不是老师当年写在黑板上的那些文字、公式和符号，而是那些和所谓的知识毫不搭界的东西。我的小学一、二年级是在街道办的抗大小学度过的，三十多年前，我们的城市还没有足够的正规小学为适龄儿童提供接受初等教育的机会，所谓“抗大”小学，就是一间普通的民房，一块涂了墨汁的木板挂在墙上充当黑板，除此之外，就再也没有可以被称为教学设备的东西了，除了语文和算术，实在想不起来都开了一些什么课，没有体育课，只记得我是班里的排长，一个军事色彩很浓的称谓，类似今天体委的角色，上课前负责整理好队形，排队进教室，只有一个老师，大概三十多岁吧，遗忘了她的姓氏，但依稀还能够记得起她的模样，中等身材，圆脸，双眼皮，留着五号头，房子临街，时常有十几岁的淘气鬼在窗外捣蛋，扔石头子儿，扮鬼脸，尖叫，甚至说脏话，我和同学们都很害怕，老师总是挺身而出，喝退他们，有时还要动手，像一只老母鸡保护着一群小鸡仔儿。人海茫茫，不知她今天身在何处。不论她身在何处，我都要衷心的感谢她当年的呵护！三年级的时候，进了正规小学，但是二部制，就是全校各年级学生上、下午轮流到校上课，每天在校时间只有半天，班主任还是女的，年龄很大，个子高高的，瘦瘦的，长脸，肤色稍黑，长相不漂亮，说话也不标准，挺土的，但是心地很善良，五年级毕业，升初中要考试，她送给我一本数学习题集，在当时是很珍贵的，不像现在，遍地都是教辅材料，开运动会的时候我没有借到白胶鞋，用粉笔把黑布鞋涂成白色，她发现了也没有批评我。我初中的班主任十多年前过早谢世，她是我遇到的老师中最严厉的一个，教我们代数，手里总是拿着教鞭，上课时，时不时用教鞭敲击黑板，颇有威慑力，偶尔还把手中的粉笔头抛向那些精神溜号的男生，命中率极高，同学们都怕她，但从未记恨，因为那严厉的目光中透出的是慈爱，冬天她常穿一件柳绿色的袄罩，间操时在我们的队列中走来走去，一个肩膀高，一个肩膀低，表情极其严峻，当她在我们身后时，我们似乎能感觉到她的目光，所以谁也不敢怠慢，动作绝对到位。那时候，我们太小，不懂事，不明白为什么老师的脸上总是阴多晴少，现在懂了，老师却已不在。化学老师身材瘦高，动作麻利，格外爱整洁，上课时总穿着白大褂儿，袖口的扣子扎得紧紧的，初三总复习时，堂堂课都是扯着嗓子在喊，听上去他比我们还着急。高中的地理老师是一个南方老头儿，“文革”中遭到迫害，使他失去家庭，直到离开人世，仍是孑然一身，说起话来南腔北调，常年吸烟，吸到牙都变了颜色，声音沙哑，但抑扬顿挫，韵味十足，眨眼间能在黑板上画出一只“大公鸡”，江河湖泊、山脉盆地、铁路干线尽在其中。教学楼前有个水泥砌成的大花坛，花坛中央是一尊少女的雕塑，夏季课间休息时，我们总是喜欢坐在花坛沿上，他见了，总是要把我们哄走，说女孩子最怕着凉，即便是夏天也不能坐在水泥台上。如今，那个怕我们着凉的老先生长眠在冰冷的地下，不知几许怀念能否让他感到一丝暖意。高中一年级，学校组织迎新年通宵联欢晚会，有个同学家远不能回家吃晚饭，班主任老师从家里给他带来晚饭，铝饭盒里，装满了白米饭和切好的香肠，二十多年前，这份自制的盒饭虽然谈不上营养配餐，但对一个中学生来说，远比今天的麦当劳、肯德基、必胜客、吉野家更具诱惑力。她还用学校发给她的那份补课费给我们买了一筐苹果，一个晚上被我们吃得一干二净，哪里去多想想吃的都是老师的血汗钱！我曾在她的备课笔记上看到过这样一句话，“给人以鱼，供一食之餐；教人以渔，则终身受益”，当时懵懵懂懂，现在想来，感慨不已。当年她孩子小，家庭负担重，但坚持一边上课，一边带班，一边进修，样样不甘落后，她治学的严谨，她的敬业心、责任心，她的坚韧和执着，给我留下了十分深刻的印象，也是让我一生受用的精神财富。她和我的政治老师都是我的入党介绍人，政治老师讲课声音不高，诙谐幽默，他有一双牛皮底的皮鞋，擦得锃亮，走起路来，有那种特殊的吱吱响声，我们那时，教室走廊的窗子不像现在那么高（说实话我真的搞不懂，为什么现在的教室靠走廊的窗子都那么高），夏天走廊的窗子都敞开着，教室对面没有教室，还是窗户，都敞开着，后院里一排排高大的杨树和柳树，埋头写作业的时候，我们能听见它们在风中跳舞，沙沙沙，即便这样，他走过来的时候，我们也都能分辨得出来，二十多年过去了，那吱吱的响声犹在耳畔，好亲切啊。从初一到高三，中学六年，他一直教我政治学科。在我的中学时代，他是和我谈话最多的一位老师，他的教诲，对我人生观、价值观、世界观的形成，产生了深刻的影响。他在1989年夏天，我大学三年级的时候，曾给我写过一封对我来说十分重要的信，他是我人生的导师。

当年的那份师生情，很淡很纯很真很动人，没有一丝一毫的功利在里面。很多事情早已忘却，点点滴滴，永在心间的，只有真情和感动。一个人从小到大，要在学校里度过十几年，如果在这十几年中学校教育不能在受教育者的生命中留下真情和感动，是最大的遗憾，不能给学生以深刻影响的学校教育应该算作一种败笔。

时代变了，师生关系似乎也发生了微妙的变化。但不管时代怎样变化，没有哪个孩子不在意老师是不是对自己好。每天，每个孩子都在注视着你，作为老师，尤其是班主任，如果你一整天都没有单独跟某一个孩子说过一句话，甚至没有正眼看他一下，想一想，孩子心里会是什么滋味？真真切切地关注每个孩子吧，每天，不管你有多少委屈和烦恼，不管你面对多么大的压力，在孩子们面前，请你一定露出笑脸，争取和每个孩子说上一句话，让你的目光迎接住投向你的每一次满怀期待而又胆怯的注视，在你们彼此对视的一瞬间，让你的心和孩子的心连在一起。

有位美国校长曾说过这样一段话：“一所学校的‘底线’就是孩子。每个孩子每天来到学校的时候，都应该有体贴的老师关心他，并对他寄予很高的期望。”

亲爱的老师，善待孩子吧！

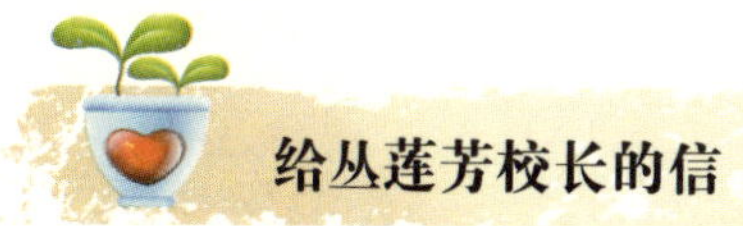

给从莲芳校长的信

尊敬的丛校长：

在结束这本书的时候，我想最应该和您说点什么。写作这本书，时间上很仓促，准备也不充分。其实刚开始不久，我就后悔了，不该轻易地说，可以为您的学校写一本书。虽然在和您以及老师们多次的交谈中，在学校的资料室里，我了解到很多很多发生在浑南二校的事情，得到了很多很多的素材，也曾多次身临其境参与二校的活动，但怎样把这些素材组织起来，有一定的难度，光组织起来还不够，还要同时写出自己的感悟，作一些比较和分析，有时候，心里面想得好好的，可是一下笔，却一个字也写不出来，或者发现写出来的那些东西和心里想的大相径庭，怎么看都觉得不对劲儿。灵感总是不来，来了又总是稍纵即逝。有几回，坐在电脑前，呆呆地看着屏幕，心里一片空白，等到决定放弃，关掉计算机，洗漱完毕，脑袋一挨着枕头，却突然找到了感觉，于是不得不翻身下地到书房找来纸笔记下来，后来干脆就把纸笔放在枕头旁边了，随想随记。

我这一次的写作经历，好比是“自由潜水”，而且是事先没有吸氧的自由潜水！一下水，才知道，我的身体里，严重缺氧，这个氧，不是别的，是平时的观察、阅读、思考不够，尤其是深入观察和深度思考不够，积累不够，头脑里没有多少东西，下笔怎么能生动流畅？这些年，写过的文件、报告、计划、总结、领导讲话不计其数，本以为自己挺能写，写点东西应该不成问题，真的动起笔来，才明白根本不是那么回事儿。不仅如此，我深深地感觉到自己的词汇也太贫乏和老旧了，词库很久没有更新了，严重缺乏时代感，恐怕要让二校年轻的老师们见笑了。

这次写作对于我的意义，首先是让我有了一个难得的学习的机会，在我们一起走过的这段将近四个月的日子里，我认真回顾了您再次创业的艰辛历程，亲眼目睹了您的办学实践，也深深地感受着您的教育情怀，您让我看到并让我懂得，什么是专家办学。教育部副部长陈小娅在第二届中国中学校长大会上的讲话中谈到，“新形势、新任务、新挑战，呼吁校长成为新时代的人民教育家。教育家校长与非教育家校长的一个重要区别在于，是否把学生健康成长作为学校工作至高无上的追求，作为学校一切工作的出发点和落脚点，保持清醒头脑，不浮躁，不急功近利。”“作为教育家校长，一定要把学校的一切工作都变为教育的机会和手段，让自己和教师的一言一行，让学校的一砖一石、一草一木、一角一景都体现着教育理念。”“作为教育家校长，一定把自己的理想变成每一天的努力，把日常的繁杂工作与追求理想融为一体，不会因为困难、挫折、寂寞、不理解，甚至担心影响自己的名利而动摇信念。”用这段话对照您的办学，我觉得您一直在这样要求着自己。您还记得四年前我们的小学校长论坛吗？当时我为参与论坛的校长们设计了五个主题，“推荐一本好书给我的同伴，描绘一幅蓝图给我的学校，设计一项活动给我的学生，捧出一颗真心给我的教师，播种一个梦想留给我自己”，最后一个主题，“播种一个梦想留给我自己”，其初衷就是希望校长们能对自身的发展有一个明确的目标定位，有自己的职业追求，在学生发展、教师发展和学校发展的同时，自己能够朝着成为一个教育家的目标去努力，达到职业的最高境界。四年前，您在论坛中曾这样写道：

我是一位在小学教育战线上辛勤耕耘近40年的老教育工作者。我深深地热爱着这项事业，因为它使我经常可以感受到培养知性、锻炼悟性之后，学生灵性不断涌现的那份意外的惊喜；因为它使我可以经常地享受到全身心的投入、辛勤探索之后，办学水平不断提高的那份成功的喜悦。我不断地憧憬着这项事业，希望通过我们的努力，让学生真正体验到健康成长的快乐，让教师真正享受到教学成功的惬意。我正在和我的同事们努力编织着这项事业，着眼规划，力求学校始终走在持续健康发展的轨道上；立足队伍，力求教师在学习型组织中健康成长；瞄向未来，力求学生在不断深化的教育改革中有更大的收获；

注重积累，力求在校园文化的积淀中循序渐进地做强并打造特色办学的品牌。

一个好校长，要带出一支好队伍，一个好校长，还要创造一种好文化。不论昨天还是今天，在通往教育家的道路上，您始终在不断前行，从来没有停止自己的脚步。

这次写作对于我的意义，还有便是让我充分地认识了我自己，让我明白，要想在教育这池水里，潜得再深一些、再久一些，发现其中奥妙，领会其中真谛，就必须让全身的每一个细胞都充满氧气，而且是有质量的纯氧。

这样说来，我真的要对您、对浑南二校郑重地道一声“谢谢”！

让我感到非常不安的是，虽然我尽可能地安排好自己的工作，抽出时间来到学校，和您交谈、参加学生和老师的活动、听课，但是，由于诸事缠身，无法做到全身心地投入，我依然不能够真正地融入其中，我看到的依旧只是一些现象，星星点点，零零散散，恐怕不能真实地反映浑南二校的全貌，更无法系统地归纳和阐述您作为一个教育专家的治校方略和办学思想，一些见解和感受也难免肤浅，实为憾事。

尽管如此，我还是想再和您做一次坦诚的交流。

不得不再次回到那个令人头疼的问题，什么是学校文化。我个人认为，学校文化是一所学校的存在方式，学校文化具有鲜明的个性特征，这种鲜明的个性特征，更多的体现在它的“观察者”或“进入者”的感觉之中，身在其中的人们却往往浑然不觉。就好比我们到了另外一个城市，另外一个国家，你感觉到和自己的城市、自己的国家不同的那些东西，就是文化。对二校的观察，使我更加坚信了这一点。

在您的学校，我可以明显地感受到一种与众不同的气息，二校的文化，质朴无华，耐人寻味，充满了对生命的尊重与关怀，富于个性而不张扬，充满活力而不浮躁，庄严神圣不失浪漫，追求创意不拘一格，顺其自然，润物无声，深藏着的却是激情与力量。

对浑南二校学校文化建设和培育的观察，帮助我走出心中那片困惑的沼泽地。对学校文化的外部研究，和学校文化的自身培育，有很大的不同，前者是静态的分析，后者是动态的生成。有学者认为，一个组织的健康发展，要经历“硬件”、“制度”、“文化建设”这样的三部曲，随着三部曲的发展，形成了物质文化、制度文化和精神文化。这里是否隐含着这样的一层含义，我们的学校一定要先有完备的设备，再建立完善的制度，进而再营造自己的文化这样的一个逻辑顺序？可是，在现实生活中，更多的时候，我们似乎都无法如此理性地遵从逻辑。按照这样的逻辑，浑南二校应该先有图书馆再开展读书活动，它至今没有真正意义的运动场地，是否可以不开设体育课？事实并非如此。我们在对一所学校的文化进行研究和分析时，或许可以按照物质文化、制度文化和精神文化的线索去寻找与之对应的硬件、文本和理念，并清晰地呈现出来，但是，这些呈现在我们面前的东西，真正的形成过程，并未遵循逻辑顺序。二校的发展实实在在地说明了这一点。二校在没有图书馆的时候就早已开始了师生和家长的读书活动，虽然没有运动场和体育馆，但孩子们没有耽误过一节体育课，在孩子们的心中，也不缺乏体育的精神。

如果我们按照把学校文化分为由浅入深、由表及里的表层物质文化、浅层行为文化、内层制度文化和深层精神文化的“层次说”，来审视浑南二校的学校文化，我们会发现，所谓“由浅入深、由表及里”仍然是从一个观察者的视角出发的认知过程，而不是文化的培育过程。作为一个局外人，确实是首先从“万卷书屋”这个表层的物质中感受到学校浓厚的读书氛围，又从学生、老师、家长的读书笔记中了解到浅层的读书行为，再了解到读书行为是基于严格的读书制度，从而体会出良好的读书文化。但二校读书文化的形成，却不是从图书馆开始的。在浑南二校人的眼里，万卷书屋不仅是物质，它是制度也是行为，更是精神，它不单单属于任何一个层次，它是一个生命。再来看牵手写爱，应该属于哪一个层次呢？难道非要把那幅长卷放在物质文化层，把写爱的动作放在行为文化层，把写爱的要求放在制度文化层，把写爱的感受列为精神文化层吗？如此肢解一个牵手写爱，似乎没有必要。有些问题确实值得我们深思，如果在塑造学校文化的过程中，清清楚楚地按照这样的层次去罗列，只能产生油漂浮在水面那样的结果，物质、行为、制度和精神的相互游离，恐怕正是当前一些学校表面看上去什么都不缺，但又总是让人感觉缺少点什么的缘故吧。

在对您的学校的观察过程中，我也似乎领悟到学者和专家的不同。学者用原有的某一理论框架去研究、分析、阐释教育现象，而专家则是用随时调整的行动去实现教育理想。您在浑南二校的实践表明，学校文化并不是按照学者的研究和分析来建构的。如果那样，只能做出一个表面上看起来结构完整的框架，而永远不能展现出来一个血肉丰满的形态。

组织心理学家埃德加·舍恩认为：“领导人真正的重要性就在于创造并管理文化，领导人是否具有独特的才华表现在他们在文化方面所做的贡献。”（【美】特伦斯·E·迪尔，肯特·D·彼德森. 校长在塑造学校文化中的角色. 北京：中国青年出版社，2006. 21）组织文化主要源自组织的创始人。作为浑南二校的第一任校长，您首先领导了二校的文化。您对学校文化的领导是富有远见的。回顾二校短暂的发展历程，学校办学理念和办学目标的及时提出和确立，是学校文化成功塑造的一个基点，同时成为学校文化健康发展的决定性因素。“关注每个孩子的成长、引领每个孩子的成功、分享每个孩子的快乐”的办学理念和“崇尚创意的校园、学生成长的乐园、教师发展的家园、社区共享的学园”的办学目标，十分清晰地为学生、教师、家长、社区成员描绘了一个愿景，在这一愿景中，充分体现了每一个群体的意愿、向往和追求，这个愿景就像黏合剂，把每一个群体紧紧地联系在一起，凝聚成一股团体动力，使置身其中的每一个成员都成为学校文化的热情参与者和积极推动者，从而增强了学校文化的领导力。关于学校文化的很多文章都谈到，要到学校的办学历史中去挖掘学校文化，那新建校怎么办？是否要等到凑够了历史才有资格谈文化？您在二校的实践回答了怎样主动而又及时地为一所崭新的学校营造文化，并以文化为学校的持续发展奠基。在二校，文化不仅是学校发展的实力指数，校长办学的功力指数，教师学生生存的幸福指数，更是提升学校知名度、认同度、信赖度的关键。

“爱”的校训，是二校文化的重要载体，堪称二校文化建设的点睛之笔。“爱”的校训高度浓缩了学校办学理念和办学目标的精华，使原本抽象、理性的表述充满了感性色彩，变得更加灵动。这是一个由繁化简、深入浅出的过程。围绕“爱”的校训，运用多种元素和符号成功创造的一系列仪式和典礼，富有创意、精雕细刻、寓意深邃、神圣庄严、沁人心脾、刻骨铭心，为平淡的日常工作注入了快乐、活力和激情，逐渐使“爱”成为师生、家长、学校和社区的共同价值观，使抽象的办学理念实实在在地落实在每一天的具体办学实践中，从而一步又一步地不断接近办学目标。这又是一个由简到繁、由浅到深的过程。对于仪式和典礼的成功运作，不能不说是二校学校文化建设中一篇最耐人寻味的好文章。在这篇文章中，我们品味出的是深层次的文化内涵。孩子们大声的问候拉近了人与人之间的距离，牵手写爱使学生、家长和教师实现了情感上的最初融合，期末表彰总结给了年轻教师成就感和自信心，开学典礼让师生重温学校的使命和目标，家长会、毕业典礼让离校人心怀感恩，让在校人满怀憧憬，爱心墙铸就的是信念，爱之旗飘扬的是希望，爱心树奠基的是未来，爱之歌放飞的是理想……正是这一切，给了孩子一个美好的世界，赋予了教育的应有之意，使教育成为教育。

二校塑造学校文化的方法是集众智。集众智，这本身就是一种文化，一种开放的文化，一种合作的文化。如果说爱的教育是以情动情，那么集众智便是以文化塑造文化。

在对您的学校进行观察的过程中，让人感到欣喜的是，浑南二校力求建立和谐的师生关系、家校关系，并努力塑造着一种能够延伸到社区的学校文化。教育是服务，学校和社区，学校和百姓，学校和家长，学校和学生，是服务者和服务对象的关系。这既是建立现代学校制度的基础，更是其基本要义。但是，令人遗憾的是，长期以来教育资源匮乏、配置不均衡且始终处于政府垄断之下的现实导致相当一些学校服务意识的严重缺失。很多学校始终把自己视为资源的占有者，而不是服务的提供者，使家长和学生常常处于被动的地位，在义务教育领域，学生要严格地按照政府划分的学区就学，这种情况下，意味着作为消费者的家长和学生没有挑选商品的权利，只有服从的义务。知识改变命运，接受良好的学校教育已经成为现代社会中实现代际交流的重要途径，每一个社会阶层的人都对子女的教育充满了无数的期待和渴盼，而在当今，这种期待和渴盼更称得上是空前的。优质教育供小于求的情形加重了服务者的怠慢。一个望眼欲穿、如履薄冰，一个置若罔闻、我行我素。教育的服务，变了味道。在浑南二校，我们看到的却是另一番景象。您努力以服务者的姿态精心打理学校公共关系，通过多种形式和渠道，与学生、家长、社区和媒体进行有效沟通和良性互动，赢得了家长的信任，使学校的声誉指数连连上升，在校生数量不断增加，您所做的一切努力，既是作为一个专家的自觉，同时也是对客观现实的一种选择。短短一年多的时间里，从城区传统名校到新区新建小学，从坐拥优质资源到白手起家艰苦创业，感受世态炎凉，体会人间冷暖，我相信无论将来您的新学校变得怎样“火热”，您都会继续用真诚和爱去面对那些善良的百姓。在建立现代学校制度方面，您在二校已经开始了有益的探索，希望今后能走得更远一些。

有人跟我说，您今天所做的一切太理想化了。我想对您说，打动我心的正是这份理想。教育需要理想，理想是教育运作的基础，教育本身就是一个崇高的理想。哪个走进校园的孩子，不是充满了希冀和梦想？

我还要感谢您允许我在您的学校进行“健康学校”和“团队行为”的问卷调查。我在阅读《卓越校长的7个习惯》一书时，发现了书中提供的一组可以被用来评估、营造和培养积极的学校文化的实用性工具，“健康学校”调查和“团队行为”调查是其中的两个，通过这两个工具，可以对学校文化的整体健康状况和教师队伍团队建设的能力进行快速评估，帮助发现学校文化建设存在的问题，同时也是对教师的一种培训。我觉得有趣又新颖，虽是舶来品，但中外教育毕竟有相通之处，所以未加任何改动地在您的学校做了一次尝试。这样的调查有一定的风险，对您、对学校都是一种考验。3 月 5 日那天下午我从您的学校一回来，立即着手统计汇总问卷结果。对两项调查，我都按照设计者的要求，分别计算了总平均分和每项指标的平均分，仅供您参考。在“健康学校”调查中，您的学校获得的总平均分是 69.67 分，对应的等级和评价是“非常健康：即使你的学校目前不错，但还是有些行为问题阻碍了它达到更健康的状态。”从分值上看，虽然与“超级健康”等级仅有一步之遥，但要跨越一个台阶，需要假以时日。在 16 项指标中，平均分最高的是指标 1，“所有的学生都能够受到所有教职员工的尊重”，4.67 分，我为二校的孩子感到高兴，更希望学校能够通过多种渠道为那些遇到困难的学生提供更多的帮助，平均分最低的是指标 11，“每一名教师的能力、知识和经验都得到充分发挥”，3.85 分，看来在更好地调动教师积极性、发现教师的天赋和才能等方面还有更多的努力需要付出。在“团队行为”调查中，总平均分是 33.15 分，对应的是最高等级和最好的评价，“好的团队：即使你的团队能够完成工作，还是有些问题影响到你们达到一个新的水平”，这些因素是什么呢？或许我们可以在那些得分较低的指标中找到一些提示，在 8 项指标中，平均分最低的是指标 2，“每一个人的能力、知识和经验都得到充分发挥”，3.63 分，这个指标在内容上和“健康学校”中的指标 11 完全一致，在两项调查中，两个指标的平均得分也都是最低的，或许这方面的问题值得给予关注。“团队行为”平均分最高的是指标 8，“团队氛围的特征是宽容开放、尊重差异”。比较“健康学校”和“团队行为”两项调查的结果，我们可以看出，“团队行为”的等级高于“健康学校”，“团队行为”为第一等，“健康学校”是第二等，老师们对团队行为能力和合作水平给予的认可，充分显示出这支团队的自信，而这份自信势必会给学校未来的发展提供强大的后续推动力。

说到评估，十分遗憾的是，在我们国家目前还没有建立起完善的、理想的、科学的基础教育学校办学质量评估体系。当教育行政部门对学校的评价仅仅停留在例行公事的督导和名目繁多的检查时，我们的学校即使获得再多的奖牌，也不能清晰地给自己的办学质量一个准确的定位。作为一个校长，应该眼睛向内，用更多的时间和精力去关注学校的自我评估，因为一个学校的自我持续提高和发展，往往取决于其内部的力量，这也正是为什么以行政命令推进的外部改革往往不能取得实质性进展的最根本原因。通过自我评估，一个学校能较为正确地认识自我，了解既定目标的实现与否，明确自身具有的长处或存在的不足。进行自我评估的关键是切实可行的评估工具。为了使学校获得持续发展的动能，建议二校能在自我评估方面进行一些探索。

可不可以再说一个和学校文化塑造看似无关却又有关的话题，那就是：烟。我注意到，在您的办公室和学校的会议室都有为客人准备的烟灰缸，我们的学校还不是一个真正意义上的无烟学校。吸烟有害健康，早已是不争的事实。在他人面前吸烟，更关涉文明与修养。可惜，在我们的国家，这一点似乎还不被大多数人所接受，尤其是吸烟者似乎更不情愿。公共场所禁止吸烟，是一个国家文明程度的重要标志。近年来，一些国家相继出台禁烟法令，英国、芬兰、冰岛、爱沙尼亚、爱尔兰、法国、葡萄牙、澳大利亚、德国、丹麦等国都已经开始全面禁烟。我国目前有 3.5 亿“烟民”，每年死于烟草相关疾病的人数约为 100 万，另有 5.4 亿不吸烟的人群正在遭受二手烟的危害，其中 15 岁以下的少年儿童有 1.8 亿。《烟草控制框架公约》在中国已经生效两年，按照公约的要求，三年内必须实现100%室内无烟。自2007年6月1日起施行，第十届全国人民代表大会常务委员会第二十五次会议修订的《中华人民共和国未成年人保护法》第三十七条规定：“任何人不得在中小学校、幼儿园、托儿所的教室、寝室、活动室和其他未成年人集中活动的场所吸烟、饮酒。”这样的法条，虽暂时符合中国国情，但在国际社会这个大家庭里，实在是不合潮流，这样的规定，似乎使我们的学校离文明稍远了一些。把那些烟灰缸撤掉吧，跟那些在您的学校里掏出烟的客人说不，不管他是专家还是领导，不论他是来检查还是验收。让我们的孩子更早地知道，吸烟有害健康，迫使别人被动吸烟，还可能有损他人健康。让我们的孩子离文明近一些，再近一些。不吸烟，不在他人面前吸烟，是对生命的关爱，这和我们的校训多么一致。走进浑南二校的成人，都应该遵守这个校训，走出浑南二校的孩子，一生都应奉行这个信条！

还想和您说的是，真正有质量的教育一定要把着眼点落在对生命质量的关注上，关注学生，更关注教师的生存质量。休闲的质量决定生存的质量，一定要让老师们有足够的休闲时光。巨大的社会差异和诸多不确定的因素，使今天的年轻人面临的心理压力和生活压力更大、更残酷，二校的教师队伍，大多是80后，他们乐于表现，富于个性，但承受能力可能远远不如您那一代人，甚至不如我这一代人，理解并呵护她们吧，让老师们有足够的时间对自己进行调整，放松、缓解压力，舒展身心，静静地思索、倾听自己内心的声音，享受生活。当越来越多的80后走上讲台，我们的教育不可能不深深地留下这一代人的印记，这是时代的印记，有理由相信，那一定是一道独特的风景。

再漫长的人生也不过是一段旅程，我们要赶路也要歇息，在这段旅程中，时间是终极奢侈品。也留一点时间给您自己，去品味一下终极奢侈！

从冰封大地到桃花盛开，苍凉中走出一份坚韧的美丽，人间四月，最是有情。能坚持着做一件事情，并把它做完，感觉真的是很好。是什么给我力量，让我坚持，是爱，我的爱，如此深沉！

爱，让我们长大。

卢　娜

2008 年 4 月 16 日

附：浑南二校“健康学校”和“团队行为”调查结果

2008 年 3 月 5 日下午 3：30，我在浑南二校向 40 名教师发放了健康学校调查表和团队行为调查表。

健康学校调查表包括 16 个指标，涉及了一所健康学校的方方面面。每一个指标都有五种不同程度的描述，定义了从 1 至 5 不同程度的行为，按从 1 至 5 的顺序排列，赋分方式依次为 1 分、2 分、3 分、4 分和 5 分。我按照设计者的要求，请老师们为每一个指标选择一个与自己学校实际情况最相符的描述，并填写这个指标的分值，然后计算出 16 个指标的总分。随后，我对 40 份问卷进行了统计，分别计算了 16 项指标的总平均分和每项指标的平均分，结果如下：

健康学校调查

指标 1：所有的学生都能够受到所有教职员工（校长、教师、助教、秘书、行政人员、后勤人员、公交车司机、餐厅员工）的尊重。

指标量表：

1. 总体上，大多数教职员工感到学生不受控制。一些教师会叫嚷、体罚、讽刺挖苦或运用其他无意义的惩罚。在学生和教职员工之间，总会存在着不断的管理权争斗。教职员工想通过忽视问题来贬低学生，他们不断抱怨学生的行为。在教师休息室里这是大家热衷的话题。

2. 尽管有教师真的很尊重学生，并积极解决问题学生的行为，但他们是少数。大多数教师觉得自己对于改变学生的行为无能为力，会尖刻、严厉地对待学生。

3. 许多教师尊重学生，但不愿意保护学生。在面对比他们更悲观的同事时，不愿意提供积极的解决办法。

4. 大多数教师尊重学生，部分教师还会有些抵抗和消极的态度。

5. 所有的教师都尊重所有的学生，包括那些问题学生。当遇到困难时，他们通过合适的渠道加以解决 (如教师帮助团队、把问题转给专业人士、向校长咨询等)。

平均分：4.67 分

指标 2：校长和教师对于学生的成就抱有很高的期望，并将这高期望直接传达给学生或者家长。

指标量表：

1. 校长和教师认为，那些不可改变的事情，如家庭背景、社会经济地位、能力水平等，是学生成就的主要决定因素，学校无法改变这些因素。

2. 校长和教师认为，如描述 1 所说的不可改变的事情，在很大程度上影响了学生的成就，学校对于学生的成就影响很小。

3. 校长和教师认为，如描述 1 所说的不可改变的事情尽管会影响学生的成就，但教师们有责任根据每个人的期望水平，让所有学生掌握基本的技能或得到应有的学习成果。

4. 校长和教师认为，如描述 1 所说的不可改变的事情尽管会影响学生的成就，但教师们有责任让所有的学生掌握符合相应年级水平的基本技能，并经常向家长和学生以正式的、有组织的方式传达这些期望。

5. 校长和教师认为，家庭和学校对学生的成就都有深远的影响。教师不仅有责任让所有学生掌握符合相应年级水平的基本技能，也有责任激励和促进那些学习迅速的学生，并为那些需要额外时间来掌握知识的学生提供课外的学习机会。对于学生学习成就的期望，应该由家长、学生和教师三方共同制定，并通过核心课程领域、丰富的促进性项目，以展示学习成果的方式表达出来，给予成就奖励和创造力表达的机会。

平均分：4.61 分

指标 3：校长和教师是学生的鼓励者，要和学生们沟通他们对于学校生活的想法。沟通行为可能包括“和个别的学生或学生小组共进午餐；在操场上、午餐室、走廊里经常出现；资助俱乐部；当有学生想讨论教学或纪律问题时，能给予他们机会；说得出学生的名字（不仅仅是他们所在的班级）和家庭关系；直接称呼大部分学生的名字；愿意倾听学生对于师生关系的看法”。以上所列只是建议了一些可能比较合适、可以考虑的行为。

指标量表：

1. 校长和教师没有意识到做学生的鼓励者是正确的角色，从不和学生进行基本的互动。

2. 校长和教师意识到做学生的鼓励者是正确的角色，但感到不舒服，很少这么做。他们很少和学生进行这样基本的互动。

3. 校长和教师很少作为学生的鼓励者，但做出了至少三种这样鼓励沟通的行为。

4. 校长和教师认为做学生的鼓励者是正确的角色，做出了至少六种这样鼓励沟通的行为。

5. 校长和教师认为做学生的鼓励者是正确的角色，做出了至少六种这样鼓励沟通的行为，形成了一些从学生处收集他们对于学校和班级生活看法的方法。

平均分：4.33 分

指标 4：校长鼓励和教师、家长进行开放的沟通，尊重分歧。该指标主要关注的是校长对于和教师及家长开放沟通、尊重分歧的行为态度。行为可能包括“校长办公室采取‘门户开放’政策，接受教师、家长的负面看法和消极反馈，对想倾诉忧虑或讨论问题的教师和家长提供渠道，也为家长和教师互动提供机会”。以上所列只是建议了一些可能比较合适、可以考虑的行为。

指标量表：

1. 校长不鼓励和教师、家长进行开放的沟通，认为不同意见是组织内成员之间不和谐的象征。

2. 校长支持开放的沟通，但很少和教师或家长进行非正式的会面。会面必须预约，会面时间很紧，信息和意见的流通被人为控制。

3. 校长支持开放的沟通，也和教师或家长进行非正式的会面。但是，校长对于沟通中出现的问题、质疑和分歧回应不够，失去了沟通的本意。

4. 校长支持开放的沟通，也和教师或家长进行非正式的会面。此外，校长对于问题、质疑和分歧进行回应，和教师、家长一起努力，积极地解决分歧。

5. 校长支持开放的沟通，也和教师或家长进行非正式的会面。对于任何问题、质疑和分歧保持“门户开放”的政策。校长为教师和家长进行正式或非正式的互动提供了不同的机会，鼓励不同年级、不同科目和不同教学团队之间进行互动。

平均分：4.49 分

指标5：校长对于教师、家长的忧虑或学生的问题表示关心，乐于倾听。合适的时候，参与此类问题的解决。

指标量表:

1. 校长不愿意参与解决教师、家长的忧虑或学生的问题。

2. 校长愿意参与解决教师、家长的忧虑或学生的问题，但因为沟通不当、人际交往能力欠缺，很大程度上是无效的。

3. 校长愿意参与解决教师、家长的忧虑或学生的问题，有时候也能有效地提出解决的方案。具备一般的沟通能力和人际交往技巧。

4. 校长愿意参与解决教师、家长的忧虑或学生的问题，通常能有效地提出解决的方案。具有出色的沟通能力和人际交往技巧。

5. 校长愿意参与解决教师、家长的忧虑或学生的问题，总是能有效地提出解决的方案。具有非凡的沟通能力和人际交往技巧。和教师、家长共同建立解决问题的程序。

平均分：4.51 分

指标6：校长示范合适的人际交往技巧。该指标主要关注校长表现出的合适的人际交往技巧在程度上的差异。行为必须包括但不必局限于以下几个方面：(a) 为学生和教师营造信任、安全的氛围；(b) 尊重学生、家长和教师的权利；(c) 有技巧地处理个人关系，具有理解力和同情心；(d) 不管他人外表、种族、宗教、性别、身体健康状况、能力或社会地位如何，都能照顾到他人的自尊，重视他人。

指标量表:

1. 校长没有表现出以上任何一种行为。

2. 校长仅仅表现出以上一两种行为，对于处理涉及人际沟通的事情常有些困难。

3. 校长表现出以上两三种行为，通常能成功处理涉及人际沟通的事情。

4. 校长表现出以上三四种行为，一般总是能成功处理涉及人际沟通的事情。

5. 校长表现出以上所有行为，也表现出其他有关良好人际关系的行为，总是能成功处理涉及人际沟通的事情。

平均分：4.56 分

指标7：校长以身作则，意气风发。该指标主要关注校长发展和维持高士气的行为在程度上的差异。行为可能包括但不必局限于“让教师参与规划、鼓励有计划的社会性事件、信息沟通的开放性、公平地分担责任和分配资源、提供成功机会、认可成就、员工参与问题解决、协助和支持公正解决个人和专业问题”。

指标量表:

1. 学校里毫无士气可言。校长没有表现出以上任何一种行为。教师间不够团结，这往往导致恶性竞争、组成小团体、破坏性的批评、异议和言语争吵。

2. 学校里士气低落。校长很少表现出以上行为。尽管教师间的不和谐不那么显而易见，但教师们缺乏合作，对于工作没有正面的感受。

3. 士气一般。尽管没有可见的不团结的迹象，但很多情况下，教师们独自一人工作，很少热情而积极地一起工作。

4. 士气很高。校长的以身作则使得教师们一起工作，分享想法和资源，明确教学问题，达成共同的目标，协调他们自己的行为。

5. 士气高昂。校长的以身作则使得教师非常有效地一起工作，获得个人的满意感。校长明确了建立士气的具体行为，并系统地参与这些活动。

平均分：4.33 分

指标 8：校长系统地收集教师、家长和学生的意见，并予以反馈。该指标主要关注校长对于收集到的教师、家长和学生所关心的问题回应程度如何。收集工具可能包括但不必局限于“面对面的会谈、家长或教师的建议委员会、学生委员会、建议箱或质量圈”。

指标量表:

1. 没有从教师、家长和学生那里收集到信息，校长对于这些群体的问题没有回应。

2. 尽管从这些群体中零星地收集到信息，校长对于大多数问题回应无效。

3. 至少从三个群体中的一个群体中系统地收集到信息，校长有效地回应了这些问题。

4. 至少从三个群体中的两个群体中系统地收集到信息，校长有效地回应了这些问题。

5. 从教师、家长和学生那里系统地收集到信息，校长有效地回应了这些问题，将信息运用于计划和执行变革。

平均分：4.33 分

指标 9：校长适当地认可他人有意义的成就。该指标主要关注校长对于认可教师、学生和家长的贡献所表现出的不同行为。行为可能包括但不必局限于“教师认可项目、学生表彰大会、证书、祝贺语、电话、庆功午宴、报纸文章”。

指标量表:

1. 校长没有表现出任何认可行为。

2. 校长对于三个群体（教师、家长、学生）中的一个群体表现出至少一次认可行为。

3. 校长对于三个群体（教师、家长、学生）中的两个群体表现出至少一次认可行为。

4. 校长对于三个群体（教师、家长、学生）表现出至少一次认可行为。

5. 除了不同的认可行为，校长让三个群体相互间表示认可。

平均分：4.49 分

指标 10：所有的教师成员，不同类别、不同级别的，都能够开放地相互交流他们的想法。

指标量表:

1. 讨论压抑、做作。人们对于要把他们真实的想法摆上桌面很犹豫，害怕受到批评、反对和报复。

2. 只有少数自信、关心政治的人敞开心扉，大多数人都不愿意说。

3. 许多教师敞开心扉，但常常是在一个沟通趋势已确立的情况下。

4. 尽管大多数沟通是开放的，但仍有一些话题是禁忌的，或有些主导者限制大家对于所说问题的开放程度。

5. 讨论总是直率而自由的。教师们没有什么顾忌，即使是高风险的谈话和决策，也能够实话实说。教师们自由地表达他们的感受和看法。

平均分：4.15 分

指标 11：每一名教师的能力、知识和经验都得到充分发挥。

指标量表:

1. 团队主要由一个人在主导。

2. 一个主导者和很少的几个人在做工作。

3. 至少有一半的教师在忙碌着，但同样还是这一半人在负责。

4. 大多数教师都积极地参与，但没有努力共享或相互间转换角色。

5. 所有的教师都被认为是很有天赋和才能的，在达成目标时要充分运用大家的才智。教师间互换角色，分享各自的体验。

平均分：3.85 分

指标 12：不同个体（教师、家长、学生）之间的冲突能公开而有效地得以解决，他们真诚地尊重彼此。

指标量表:

1. 人们压制冲突，假装冲突不存在。

2. 人们意识到冲突，但没有直接的解决途径，不能积极应对。

3. 人们意识到冲突，试图成功地去解决，但有时候因为方法的笨拙和无效，往往导致误解。

4. 人们意识到冲突，常常能通过合适的方法加以解决，但处理冲突没有形成标准的行之有效的方法。

5. 人们能够熟练地判断冲突，拥有许多解决冲突的策略，能成功地解决冲突。

平均分：4.00 分

指标 13：学校成员能够清晰表述学校的愿景和使命，并能致力于此。

指标量表：

1. 人们公开地为自己的事务忙碌，不愿意为了学校的使命将个人目标放置一旁。

2. 人们假装投身于学校使命，但往往工作目标和使命不一致。

3. 有一群人（教师和家长）为学校使命的达成而贡献着，但是也有一些反对者和旁观者，每当涉及自己的利益时就破坏学校的利益。

4. 大多数人服务于学校使命，但是对于现有群体的分歧，没有针对性的努力来统一思想。

5. 人们对于分歧通过协商来解决。他们能够诚实地说，他们正致力于学校使命的达成。

平均分：4.41 分

指标 14：教师能够自由表达自己的观点，而不用害怕受到嘲笑或反击，同时也允许别人自由表达观点。

指标量表：

1. 教师们从不公开表达自己的看法。

2. 一些教师公开表达自己的看法，但是通常伴随着犹豫和不情愿。

3. 一些教师自由公开地表达自己的看法，但是很多教师不愿意表达他们真实的感受。

4. 能够接受建设性的批评，但没有形成机制，无法保证这是团队工作中常规的一方面。

5. 建设性的批评是经常的、直率的、双向的，教师们接受并鼓励这样的批评。小组探讨被运用于有目的的监督，鼓励观点、想法和建议的自由流通。

平均分：4.31 分

指标 15：教师能够互相帮助，并能在不了解内情的情况下给予他人帮助。

指标量表：

1. 教师们不愿承认自己无知，或否认帮助的必要性。他们是“独立的”，而不是“相互依赖”的。

2. 一些教师承认帮助的必要性，但许多人都为自己设立界限，竞争激烈。

3. 教师们希望合作，但缺乏必要的技巧。

4. 教师们相互帮助，但是，对于合作氛围的有效性没有形成系统的规划以进行评估。

5. 教师们愿意从他人那里得到帮助，也愿意提供帮助。教师之间是透明而彼此信任的。定期运用一些程序来审视教师共事的情况，看看哪些因素可能干扰他们之间的合作。

平均分：4.31 分

指标 16：学校氛围的特征是宽容开放、相互尊重。

指标量表:

1. 家长和教师相互怀疑，互不尊重。

2. 一些家长和教师努力改善氛围，但想要真正改变很难。

3. 大多数家长和教师合作得很好，但有一些人试图破坏学校的和谐氛围。

4. 家长和教师合作得很好，但很少去鼓励、发展和肯定这种合作。

5. 家长和教师尊重、肯定彼此独特的才能，对于不同的学习风格、个性和智慧表示欣赏。

平均分：4.28 分

总平均分：69.67 分

下面是设计者给出的评定量表

健康学校调查评定量表

分　数	等　　　级
71～80	超级健康：继续做你现在做的事情，定期监督学校中的重要信号。
61～70	非常健康：即使你的学校目前不错，但还是有些行为问题阻碍了它达到更健康的状态。
51～60	很健康：在一些方面有好的地方，你的学校应该可以比现在更健康。
41～50	不健康：出现危机，你学校的健康成问题，改变你的生活方式。
40 以下	密切关注！不要接受参观，直到进一步通知！

团队行为调查

指标 1：团队成员能够开放地相互交流，沟通他们的感受。

指标量表:

1. 讨论压抑、做作。团队成员对要把他们真实的想法摆上桌面很犹豫，害怕受到批评、反对和报复。

2. 只有少数自信、关心政治的团队成员敞开心扉，大多数人都不愿意说。

3. 许多成员敞开心扉，但常常是在一个沟通趋势已确立的情况下。

4. 尽管大多数沟通是开放的，但仍有一些话题是禁忌的，或有些主导者限制大家对于所说问题的开放程度。

5. 讨论总是直率而自由的。团队成员没有什么顾忌，即使是高风险的谈话和决策，也能够实话实说。成员们自由地表达他们的感受和看法。

平均分：3.96 分

指标 2：每一个人的能力、知识和经验都得到充分发挥。

指标量表:

1. 团队主要由一个人在主导。

2. 一个主导者和很少的几个人在做工作。

3. 至少有一半的成员在忙碌着，但同样还是这一半人在负责。

4. 大多数成员都积极地参与，但没有努力共享或转换角色。

5. 所有的成员都被认为是很有天赋和才能的，在达成团队目标时他们的聪明才智得到充分发挥。角色扮演轮换，但无论谁扮演主席的角色，都不是主导者。

平均分：3.63 分

指标 3：冲突公开而有效地得以解决。

指标量表:

1. 团队成员压制冲突，假装冲突不存在。

2. 团队成员意识到冲突，但没有直接的解决途径，不能积极应对。

3. 团队成员意识到冲突，试图成功地去解决，但是有时候因为方法的笨拙和无效，往往导致误解。

4. 团队成员意识到冲突，常常能通过合适的方法加以解决，但是处理冲突没有形成标准的行之有效的方法。

5. 团队成员能够有效地看待冲突，拥有许多解决冲突的策略，能成功地解决冲突。

平均分：3.93 分

指标 4：团队成员能够清晰表述团队的愿景和使命，并能致力于此。

指标量表：

1. 团队成员公开地为自己的事务忙碌，不愿意为了组织的使命将个人目标放置一旁。

2. 团队成员假装投身于组织使命，但往往工作目标和使命不一致。

3. 有一群团队的核心成员为组织的使命达成而贡献着，但是也有一些反对者和旁观者，每当涉及自己的利益时就破坏团队的目标。

4. 大多数团队成员服务于组织使命。但是，对于现有群体的分歧，没有针对性的努力来统一思想。

5. 团队成员对于分歧通过协商来解决，他们能够诚实地说他们正致力于团队使命的达成，团队也正在帮助成员达成目标。

平均分：4.48 分

指标 5：团队成员能够自由表达自己的观点，而不用害怕受到嘲笑或反击，同时也允许别人自由表达观点。

指标量表：

1. 团队成员们从不公开表达自己的看法。

2. 团队成员有时候公开表达自己的看法，但是通常伴随着犹豫和不情愿。

3. 一些团队成员自由公开地表达自己的看法，但是很多人不愿意表达他们真实的感受。

4. 能够接受建设性的批评，但是没有形成机制，无法保证这是团队工作中常规的一方面。

5. 建设性的批评是经常的、直率的、双向的，团队成员接受并鼓励这样的批评。小组探讨运用于有目的的监督，鼓励观点、想法和建议的自由流通。

平均分：4.03 分

指标 6：每一个人都怀有保持交流的责任感，团队工作步入正轨。

指标量表：

1. 会议通常无组织，往往无法达成任务。议程结构混乱，或者只在某个人的脑子里。

2. 一两个成员不断地破坏会议的有效性，乱插话，胡作评论，表现出不当的非言语行为。

3. 会议按照预定议程和结构进行，但没有人控制时间，价值不大。

4. 大多数团队成员对于组织的行为负责，但完成任务的连续性不够。

5. 团队成员监督彼此行为，所有成员对会议的有效性负责。议程项目常规地进行，有效地完成团队任务。

平均分：4.40 分

指标 7：团队成员之间能够相互帮助，并能在不了解内情的情况下给予他人帮助。

指标量表：

1. 团队成员不愿承认自己无知，或否认帮助的必要性。他们是“独立的”，而不是“相互依赖”的。

2. 一些团队成员承认帮助的必要性，但许多人都为自己设立界限，竞争激烈。

3. 团队成员希望合作，但缺乏必要的技巧。

4. 团队成员相互帮助，但是，对于合作氛围的有效性没有形成系统的规划以进行评估。

5. 团队成员愿意从他人那里得到帮助，也愿意提供帮助。教师之间是透明而彼此信任的。定期运用一些程序来审视教师共事的情况，看看哪些因素可能干扰他们之间的合作。

平均分：4.20 分

指标 8：团队氛围的特征是宽容开放、尊重差异。

指标量表：

1. 团队成员相互怀疑、竞争、互不尊重。

2. 一些团队成员努力改善氛围，但想要真正改变很难。

3. 大多数团队成员合作得很好，但是有一些人试图破坏组织的和谐氛围。

4. 团队合作得很好，但是很少去鼓励、发展和肯定这种合作。

5. 团队成员尊重和肯定彼此独特的才能，对于不同的学习风格、个性和智慧表示欣赏，并花时间去进行团队建设，改善氛围。

平均分：4.53 分

总平均分：33.15 分

以下是设计者给出的评定量表

团队行为调查评定量表

分　数	等　级
31～40	成熟、有效的团队：坚持做现在正在做的积极有效的事情，定期监督团队建设能力。
20～30	好的团队：即使你的团队能够完成工作，还是有些问题影响到你们达到一个新的水平。
10～19	危险的团队：你的团队忽视了阻碍有效工作的“大象”。实话实说吧！
10以下	无法正常运作的团队：出现危机，你的团队在自我毁灭。做些团队合作的练习，把问题摆上桌面。

注：【美】Elaine K. McEwan著，吴艳艳，陈伟嘉译. 卓越校长的7个习惯.上海：华东师范大学出版社，2007.190-206